dtv
premium

Kora Decker

jetzt ist heute

Mein Leben nach der Diagnose

Deutscher Taschenbuch Verlag

FSC
Mix
Produktgruppe aus vorbildlich bewirtschafteten Wäldern und anderen kontrollierten Herkünften
www.fsc.org Zert.-Nr. GFA-COC-001298
© 1996 Forest Stewardship Council

Der Inhalt dieses Buches wurde auf einem nach den Richtlinien des Forest Stewardship Council zertifizierten Papier der Papierfabrik Munkedal gedruckt.

Originalausgabe
Juni 2009

www.dtv.de

Umschlaggestaltung: Kora Decker
Umschlagfoto: Andreas Pohlmann
Satz: Greiner & Reichel, Köln
Gesetzt aus der Century Schoolbook 9,4/12,75
Druck und Bindung: Druckerei Kösel, Krugzell
Gedruckt auf säurefreiem, chlorfrei gebleichtem Papier
Printed in Germany · ISBN 978-3-423-24732-0

Auch aus Steinen, die einem in den Weg gelegt werden,
kann man etwas Schönes bauen.

Chinesisches Sprichwort

»Just because I'm losing doesn't mean I'm lost.«

Coldplay

Mir ist heiß. Unverständliches Stimmengemurmel dringt von irgendwoher. Ich öffne meine Augen, grelle Helligkeit blendet mich. Ein erstauntes Gesicht, so schwarz, dass man die tief liegenden Augen kaum erkennen kann, schaut mich durch das Seitenfenster an. Es dauert einen Moment, bis mir klar wird, wo ich bin. Ich liege verknautscht auf dem Rücksitz eines nach Wunderbaum stinkenden Mietautos mitten im Outback Australiens, nachdem ich länger als 24 Stunden unterwegs gewesen bin.

Endlich. Mein Traum hat angefangen, und ich verschlafe ihn. Unwillkürlich muss ich lächeln, das Gesicht der Aboriginesfrau verschwindet wieder aus meinem Blickfeld.

Vor fast zwei Jahren hatte mir ein Arzt gesagt, dass ich Brustkrebs habe. Die Welt stand plötzlich, wie nach einer Notbremsung, still für mich. Und jetzt bin ich einmal um sie herumgeflogen. Sie dreht sich wieder, und das schon länger. Langsam hat mein Leben wieder an Geschwindigkeit gewonnen, die Tage sind vergangen, einer nach dem anderen. Viele, viele Tage voller Angst und schwerer Traurigkeit. Krankenhaus, Chemotherapie, Bestrahlung, Antikörpertherapie. Seltsame Tage, die ich ohne die Krankheit nicht erlebt hätte, und manche davon möchte ich nicht mal missen.

Langsam entknote ich meine langen Beine und rutsche aus dem Auto. Die senkrechte Sonne der Südhalbkugel knallt auf den schäbigen Supermarktparkplatz in Alice Springs. G'day! Ich habe es geschafft, hier zu sein, und in diesem Moment kommt es mir vor, als wäre ich am schönsten staubigen Ort auf Erden.

12. Juni 2006

Schnell setze ich meine Sonnenbrille auf. Vor der Tür des Krankenhauses lauert ein sattgrüner Sommertag, wie es sie nur im Juni gibt. Aber mir ist kalt. Wie in Trance stehe ich nach meinem Termin beim Radiologen vor der Klinik. Ich fühle mich wie aus Stein, nur dass Skulpturen keine Gänsehaut haben (wäre ein bisschen viel verlangt vom Bildhauer!). Die Ergebnisse meiner drei Tage vorher ausgeführten Stanzbiopsie, einer Entnahme von tumorverdächtigem Gewebe mithilfe einer Vakuumnadel, sind positiv – also negativ: Ich habe Brustkrebs.

Als mir der Radiologe mit ernster Miene das Ergebnis der Biopsie an meiner rechten Brust mitteilt, bekomme ich nur die Worte »doch bösartig«, »Tumor« und »Operation« mit. Es ist unglaublich, wie die Seele ihre Rollläden runtersausen lassen kann, wenn es ihr zu viel wird. Die Frau, mit der er spricht, kann einem leidtun, die hat jetzt die Gewissheit, an Krebs erkrankt zu sein. Schon der Hammer. Die Arme. Ich drehe mich zur Seite, aber da ist niemand. Die Frau bin ich.

Wenn man sich von einer Minute auf die andere auf einem Drahtseil über einem Abgrund wiederfindet, sieht man plötzlich vieles ganz anders. Nichts von den vermeintlich wichtigen Dingen in meinem Leben hat noch Bedeutung, und ich fühle mich fremd in meinem eigenen Körper, nachdem wir es 44 Jahre gut miteinander ausgehalten haben. Ich horche in mich rein, aber da ist außer dem Dauerbrummton der Angst, der mich noch viele Monate begleiten wird, nur Leere. Irgendwie hat sich meine Seele abgekoppelt. Sie weiß nichts anzufangen mit ihrem alten Kumpel Körper, der plötzlich ausgeflippt ist. *Ich – Krebs*: zwei Wörter, die in meinem Hirn nicht zueinanderfinden wollen. Dabei bin ich ganz sicher gewesen, dass das hässliche, schwarze Loch, das ich im Ultraschallbild gesehen habe, nicht auch eines in mein Leben reißen würde. Ich konnte doch nicht so krank sein, das hätte ich gemerkt!

Der nette Röntgenarzt versucht mir Mut zu machen, gerade bei Brustkrebs gäbe es viele effektive Therapiemöglichkeiten, international werde hierzu besonders umfangreich geforscht. Sogar eine Chemotherapie sei keineswegs zwingend, in vielen Fällen würden ein paar Wochen Bestrahlung ausreichen.

Mein Herz klopft nicht mehr ganz so heftig.

Er wolle erst mal die genaueren pathologischen Befunde abwarten, die ein paar Tage dauern würden. Aber um ein Krankenhaus und einen Operationstermin solle ich mich trotzdem schon kümmern.

Wie es sich gehört in solchen Momenten, zwitschern die Vögel in der Grünanlage weiter, junge Mütter schieben fröhlich plaudernd ihre Kinderwagen vorbei, sind unterwegs zu irgendeinem Baby-Event. Die Menschen freuen sich über total banale Dinge: das schöne Wetter, den ersten Sieg der Deutschen bei der Fußball-WM, aber wahrscheinlich nicht darüber, dass sie gesund sind. Dabei sollten sie sich freuen. Sie haben Glück. Ich nicht. In meiner Brust wohnt ein Alien.

Und irgendwie bin ich nicht die supertoughe Sigourney Weaver, die gleich mit einem Flammenwerfer in der Hand losmarschieren würde, um dem Vieh aufzulauern und es zu vernichten. Meines ist unsichtbar. Erst mal habe ich nur Schiss.

Ich bin noch nie besonders scharf darauf gewesen, zum Arzt zu gehen, weder zum Orthopäden (egal, ob es sich um meinen Kiefer oder eine lädierte Kniescheibe gehandelt hat) noch zum Internisten, Gynäkologen und schon gar nicht zum Zahnarzt. Trotzdem habe ich die halbjährliche Vorsorgeuntersuchung regelmäßig absolviert. Zwei meiner Freundinnen sind innerhalb von drei Jahren an Brustkrebs gestorben, das hatte mich nachhaltig aufgerüttelt. Nach einiger Zeit wurde aber mit der monatlichen Selbstuntersuchung der Brust wieder ordentlich geschludert: weil eigentlich trifft es ja doch die anderen.

Aber hin und wieder dachte ich daran.

Vor Kurzem habe ich meine Brüste abends ausnahmsweise im Liegen abgetastet. Wie ein elektrischer Schlag durchzuckte es mich, als ich plötzlich in der rechten Brust eine harte Bohne fühlen konnte. Klein zwar, aber deutlich vom anderen Gewebe zu unterscheiden.

Fühlt sich Krebs *so* an? Und wie lange war das Ding überhaupt schon da? Nach einer unruhigen Nacht habe ich am Tag darauf sofort einen Termin bei meinem Frauenarzt vereinbart, der mir nach dem Abtasten im Stehen den Verdacht nicht bestätigen wollte. Vielleicht sollten Gynäkologen die Brust der Patientinnen auch im Liegen untersuchen, so wie sie es ihnen empfehlen. Es gibt Tumore, so wie meiner, die sich im Stehen »verstecken«. Vor lauter Aufregung habe ich selbst nicht daran gedacht, ihm diesen Vorschlag zu machen, und natürlich wollte ich gerne hören, dass alles in Ordnung sei, auch wenn ich davon nicht ganz überzeugt war. Deshalb wollte ich auf Nummer sicher gehen und ließ mir eine Überweisung zur Mammographie geben.

Nachträglich ärgert es mich, dass ich nicht daran gedacht habe, meine Busenfreundinnen (wie passend!) den Knoten mal tasten zu lassen, solange er noch da war. Dann wüssten sie wenigstens, wie sich so etwas anfühlen kann. Diese umwerfende Idee hatte ich erst viel später, als die Bohne schon eingeweckt in der Pathologie stand.

Mittlerweile weiß ich auch, dass es für Gynäkologen und Patientinnen medizinische Brustdummys aus Silikon gibt, in denen verschieden große Knoten verborgen sind zum Üben. Außerdem werden Blinde speziell ausgebildet in der medizinischen Tastuntersuchung, da ihr Fingerspitzengefühl das der Sehenden weit übersteigt.

Den nächsten Auftritt auf meiner Ärztetournee hatte ich dann beim Radiologen.

Dank meines eher sorglosen Gynäkologen ließ ich die Mammographie noch relativ locker über mich ergehen. Als ich aber bei der Ultraschalluntersuchung am Rand des Bildschirms meinen Namen und die Zahl des Teufels im Datum 06.06.06 entdeckte, außerdem mitten in der Sonographie ein schwarzes Loch, wurde mir doch unheimlich.

Der Arzt meinte, zur genauen Abklärung müsse man umgehend eine Stanzbiopsie vornehmen. Dafür bekam ich ein paar Tage später einen neuen Termin in einer Klinik, die die moderneren Geräte hatte. Meine Stimmung schwankte zwischen betoniertem Basisoptimismus und Angst vor der Gewissheit hin und her wie eine Schiffschaukel auf dem Jahrmarkt.

Drei Tage musste ich auf den Befund warten. Nach der Biopsie an einem Freitag konnte ich mich nicht dazu durchringen, meinen Schreibtisch im Verlag so aufzuräumen, als würde ich in der Woche darauf *nicht* da sein. Quasi mein eigener Prophet sein, nö, nö.

Meinen Kollegen erzählte ich eine harmlose Variante des Szenarios. Das Ganze müsse sicherheitshalber abgeklärt werden, und am Montag würde ich nur etwas später kommen. Weitergehenden Gesprächen wich ich aus.

Mein Motto für das anstehende Wochenende des Wartens war: »Was ich nicht weiß, macht mich (noch) nicht heiß.« Ich wollte nichts zerreden oder den Teufel an die Wand malen. Auch wenn es schwerfiel abzuschalten, bei einer Wanderung und einem Besuch bei meinen Nichten und Neffen schaffte ich es, mich abzulenken.

Eigentlich fühlte ich mich aber ziemlich dünnhäutig und allein. In meiner katholischen Kindheit hatte ich in schwierigen Situationen Gott gerne mal ein kleines Geschäft vorgeschlagen:

»Wenn ich noch eine Vier in Mathe bekomme, dann werde

ich auch die ganzen Sommerferien unaufgefordert abspülen.« (Es wurde dann doch eine Fünf, und so konnte ich – auch *Gott* sei Dank! – weiterhin ohne lästige Verpflichtungen im Pubertätskoma rumhängen.) Oder ich hatte versucht zu orakeln, um meine Zukunft günstig zu beeinflussen: »Wenn der süße Typ in der Schlange am Pausenstand sich nach mir umdreht, werden wir uns noch in diesem Schuljahr küssen.«

Noch heute bemühe ich mich manchmal, nicht auf die Ritzen der Gehsteigplatten zu treten: »Wenn ich das bis vor die Haustüre schaffe, dann ...«

Aber mit der Last der Zahl 666 im Gepäck und einem Wochenende, an dem ich nur warten konnte, wollte mir einfach kein Deal einfallen. Außer, dass ich das kreative Chaos an meinem Arbeitsplatz nur leicht organisiert hatte, weil ich ja wiederkommen würde. Außerdem freute ich mich wie alle über das erste WM-Spiel der Deutschen, als wäre das Ergebnis des Matches am Biopsietag ein Vorzeichen für den Ausgang meiner Untersuchung.

Deutschland gewann gegen Costa Rica mit 4:2. Immerhin.

12. Juni 2006, abends

Der Radiologe hat mir angeboten, den Eingriff in seiner Klinik machen zu lassen. Am liebsten wäre ich zur Alienentfernung gleich dortgeblieben, aber die Entscheidung »welche Klinik und welcher Operateur« ist zu wichtig, um sie übers Knie zu brechen. Gut ist, sich Zeit zu nehmen, auf eine Woche kommt es nicht an. Das alles sagt mir meine Freundin Rike. Nachdem sich meine erste Erstarrung gelegt hat, rufe ich sie sofort an. Als Medizinjournalistin hat sie viel mit Ärzten und der Forschung zu tun. Sie ist nur im ersten Moment sprachlos, hilft mir aber gleich professionell weiter. Großes Glück im Unglück, ich muss nicht lange nach einem Brustkrebsspezialisten suchen, sie empfiehlt mir einen in Berlin. Abends rufe ich ihn auf seinem Handy an. Da ich noch nichts Schriftliches habe, wiederhole ich die Diagnose, wie ich sie beim Radiologen verstanden habe, so gut es geht. Er kann sich die Lage zusammenreimen.

Er verspricht mir, mich innerhalb von wenigen Tagen persönlich zu operieren, sollte ich mich für seine Klinik entscheiden. Seine tatkräftige Kompetenz beruhigt mich ein bisschen. Also: Berlin statt München. Es hat schon schönere Anlässe gegeben für eine Reise in die Hauptstadt.

13. Juni 2006

Ich telefoniere nur mit meinen Eltern und ein paar engen Freunden. Besonders schwer fällt es mir, meiner Mutter die schlechte Nachricht zu überbringen. Sie selbst ist erst vor zwei Jahren an Darmkrebs erkrankt und hat eine lange Therapie hinter sich bringen müssen, während der es ihr zeitweilig ziemlich mies ging. Mittlerweile hat sie sich gut erholt und ist symptomfrei. Und jetzt geht's bei mir los …

Wir zwei verstehen uns gut, und in dieser Krise ist unser Verhältnis noch enger geworden. Die pragmatische und optimistische Einstellung, mit der sie ihre Krankheit bewältigt, beeindruckt mich sehr.

»Ich muss operiert werden, ich habe Brustkrebs.« Wie soll man das schonend formulieren? Ich bin froh, als es raus ist, und meine Mutter ist wieder mal sehr tapfer. Sie lässt mich den Schock, dass jetzt auch ihr Kind an Krebs erkrankt ist, nicht wirklich spüren. Im Gegenteil:

»Halt die Ohren steif – das kriegen wir hin. Als ich Krebs hatte, hast du mir geholfen, jetzt bin ich für dich da. Du packst das. Ich weiß es.«

Jedes Gespräch kostet mich viel Kraft, weil ich die Erschrockenheit der Menschen bei dem Wort »Krebs« reflexartig auffangen will. Ich verbreite Zuversicht:

»Wird schon werden, erst mal raus mit dem Ding – in einer Woche bin ich wieder zurück aus der Klinik – das schaffe ich schon – macht euch keine Sorgen!« Irgendwie wirken diese Beschwörungsformeln auch auf mich selbst beruhigend.

Meine Chefs und die Kollegen benachrichtige ich per Mail über die nötigen Details meiner Erkrankung, z. B. meine Reise nach Berlin. Zu mehr reicht meine Energie nicht. Da ich überhaupt keine Ahnung habe, wie es weitergehen wird, will ich mit keinem von ihnen persönlich sprechen. Ich habe Angst, dass mir düstere Zukunftsspekulationen noch mehr den Boden unter den Füßen wegziehen könnten. Und ich will unter allen Umständen stark sein, ich muss mich zusammenreißen, um nicht auseinanderzufallen.

Beim Organisieren der Reise funktioniere ich wie auf Autopilot. Um die Kosten der Chefarztbehandlung mache ich mir erst mal keine Sorgen, schließlich habe ich eine private Zusatzversicherung. Gott sei Dank bin ich durch den Schock immer noch schmerzfrei, als die freundliche Sachbearbeiterin mir am Telefon knallhart erklärt, ich sei ja erst sehr kurz bei ihnen versichert, da gelte für die Leistungen eventuell noch eine Sperrfrist. *»Genau – ich habe eine Police abgeschlossen, meine Krebsdiagnose monatelang verschwiegen und gewartet, nur um eure Versicherung zu betrügen! Seid ihr eigentlich komplett plemplem?«* So habe sie das nicht gemeint, antwortet die Sachbearbeiterin. Na dann.

Bevor ich abreise, schicke ich eine Rundmail an einige Freunde, um nicht plötzlich mysteriös zu verschwinden. Mein Schicksal wird sich schon rumsprechen, da bin ich sicher. Das Handy schalte ich aus.

Einen Tag und 500 Kilometer später werde ich in der großen Stadt sein.

14. Juni 2006, morgens

»Dieser Weg wird kein leichter sein …«, jammert Xavier Naidoo aus dem Autoradio des muffigen Taxis, das mich zu der am Rande Berlins gelegenen Klinik bringt. Da muss ich ihm recht geben. Ungern zwar, denn seine Popliedchen nach Gutmenschenart sind mir schon immer ziemlich auf den Wecker gegangen. Aber immerhin – es dringt etwas durch zu mir. Aus vielen Fenstern flaggt Schwarz-Rot-Gold, dabei ist die Fußball-WM erst ein paar Tage alt.

»… dieser Weg wird steinig und schwer …« Ja doch, alte Heulboje!

Gerade habe ich mich nach dem ersten Schock der Diagnose einigermaßen wieder zusammengepuzzelt, den verwirrten Kopf vorschriftsmäßig auf dem Rumpf, das Herz in der Hose und die Seele in einem Panzerschrank neben mir auf dem Sitz. Ich habe nicht viel geweint bisher.

Da ich alleine lebe, habe ich keinen Herzensmann an meiner Seite, der mich auffangen, der mir jetzt die Hand unter den Arsch halten könnte. Nie hätte ich ihn nötiger gebraucht. Eigentlich habe ich kein Problem mehr mit dem Singletum. Ehe, Familie, Kind(er) sind anscheinend nicht mein Programm im Leben. Und oft genug habe ich mein unabhängiges Leben genossen, war froh, tun und lassen zu können, was ich wollte. Jetzt fühle ich mich sehr einsam.

Ein Partner wäre eine große Hilfe, zum Beispiel hätte er durch sein »natürliches Tastverhalten« früher als jede Mammografie entdecken können, dass mit mir etwas nicht in Ordnung ist. »Hätte, könnte, würde« – *Konjunktiv macht depressiv*, sagt mein Kumpel Ansgar immer.

Aber neben mir sitzt meine Mutter. Da sich von meinen Freundinnen keine so schnell für einige Tage freimachen konnte, habe ich sie gebeten mitzukommen. Ein bisschen plagt mich mein Gewissen, dass ich sie wieder in die »Krebswelt« reinziehe, die sie gerade verlassen hat. Trotzdem ist es ihr wichtig, genau zu wissen, wie es mir geht, und sie hat deshalb spontan zugesagt, mein »Bodyguard« zu sein. Wie gesagt, sie ist tatkräftig.

Wir sprechen nicht viel während der Fahrt, ich kann mir vorstellen, welche Gedanken durch ihren Kopf schwirren. Die, die ich mir damals auch um sie gemacht habe. Ich bin schon viel allein durch die Weltgeschichte gereist, gar kein Problem – aber in dieser schweren Zeit will ich nicht ganz ohne Rückendeckung sein. Dazu fühle ich mich hinter meiner starken Hülle zu zerbrechlich.

Ich befinde mich auf Neuland, so habe ich mich noch nie gefühlt.

»Es war nur ein kleiner Augenblick, einen Moment war ich nicht da. Danach ging ich einen kleinen Schritt, und dann wurde es mir klar: Dieser Weg wird kein leichter sein …«

Der Refrain wiederholt sich noch gefühlte zehn Mal. Mist-Orakel! Endlich hält das Taxi vor einem riesigen, umwaldeten Gebäudekomplex. Im ersten Moment denke ich, der Taxifahrer habe sich verfahren und sei in den Kulissen eines Films über Professor Ignaz Semmelweis gelandet, den Erforscher des Kindbettfiebers im 19. Jahrhundert. Wir stehen vor altem Gemäuer, der letzte Anstrich in abblätterndem Vorkriegsbraun. Okay, hier wirkt also ein renommierter Brustkrebsspezialist, der auf dem neuesten Stand der Forschung ist. Diese paradoxe Idee gefällt mir, außerdem mag ich alte Häuser, die schon viel erlebt haben. Erstaunlicherweise registriere ich auch noch positive Eindrücke.

Vor dem Eingang zur Gynäkologie summen in den dicken Linden die Bienen. Fast schon eine Idylle.

Innen befindet man sich ebenfalls in einer Filmkulisse, nur die Computer, Telefone und der Getränkeautomat wirken seltsam deplatziert. Nachdem ich den Papierkram der Patientenaufnahme hinter mich gebracht habe, werde ich in einen bis auf Augenhöhe gekachelten Raum gelotst, wo ich auf den Professor warten soll. In dem riesigen, fast hallenartigen Zimmer fühle ich mich klein. Auch der Untersuchungsstuhl mit einem altmodischen Wandschirm steht irgendwie verloren herum.

Im Spiegel, der über einem einsamen Waschbecken an der Wand hängt, sehe ich kurz mein angestrengtes Gesicht und meine von der Reise zerzausten langen Haare. Ich setze mich auf den Rand einer Liege, die vermutlich noch mit DDR-Kunstleder bezogen ist.

Der Doktor wirbelt herein: Guter Händedruck, warme Augen, quietschgrüne Krawatte (Grün = Farbe der Hoffnung, langsam wird das Orakeln zwanghaft) – ich mag ihn. Er sprudelt über vor Informationen und auch Fragen, denn inzwischen hat er die genauen Ergebnisse der Pathologie vorliegen. Von diesem Gespräch kann ich mir nur ein paar Fetzen merken:

»Sie haben eine lebensbedrohliche Krankheit«, *»Sie sind HER2 positiv und können mit dem Antikörper Herceptin behandelt werden«*, *»unbedingt Chemotherapie«* und: *»Wollten Sie noch Kinderchen?«*

Der Rest der routiniert-professionellen Zusammenfassung meiner Lage, mit all den lateinischen Begriffen, kryptischen Fachbegriffskürzeln und zu erwartenden Scheußlichkeiten dringt nicht mehr zu mir durch. Seit dem Wort Chemotherapie sind die Selbstschutzjalousien wieder dicht.

Nur das kommt noch bei mir an: *»Wenn Sie alle verschiedenen Therapiemöglichkeiten wahrnehmen, addiert sich Ihre Chance, nie wieder was vom Krebs zu hören, auf 90 Prozent!«*

An diesem einen Satz werde ich mich monatelang festhalten (und tue es vielleicht unterbewusst noch heute). Ich rufe ihn mir immer wieder ins Gedächtnis, wenn ich am Zweifeln bin.

Scheiß auf die zehn Prozent!

14. Juni 2006, abends

»Die Eierstöcke werden durch eine Chemotherapie voraussichtlich so geschädigt, dass Sie sehr wahrscheinlich nicht mehr schwanger werden können.«

Aha. Ich habe noch mal nachgefragt, weil ich das gummiartige Gefühl, nicht genau zu wissen, was auf mich zukommt, noch schlechter ertragen kann als harte Tatsachen.

Mit Mitte vierzig will ich auch keine Kinder mehr, das Thema »biologische Uhr« habe ich ausgiebig Ende der dreißiger Jahre beackert. Irgendwann damals habe ich mich damit abgefunden, dass ich wohl keine Mutter werde, ein wirklich passender Vater war einfach nicht in Sicht.

Trotzdem empfinde ich die Nachricht vom Ende der Fruchtbarkeit als weiteren Angriff auf meine Weiblichkeit. Langsam komme ich mir vor wie in einer Geisterbahn, nicht wie im Krankenhaus. Und am liebsten würde ich meine Ängste laut herausschreien. Stattdessen weine ich an diesem Abend in der Klinik zum ersten Mal lange. Hauptsächlich um meine überschulterlangen Haare, die ich verlieren werde.

Wie sich der Mensch an die Oberfläche rettet, wenn es tief unten zu gefährlich wird ... Aber Haare sind ein Symbol für Gesundheit, Schönheit, Jugend – und das alles soll jetzt den Bach runtergehen? So kommt es mir vor.

Ich bin sehr groß, meine langen Haare waren seit meiner Pubertät immer eine Art Abgrenzung zum Burschikosen. Fand ich. Kurze Haare kamen nicht infrage. Und jetzt gar keine? Der GAU, der größte anzunehmende Unfall – oder ist das doch der Krebs?

Aber so weit kann ich gar nicht denken. Haare sind was Konkretes, man sieht sie, man kann sie anfassen. Ein Tumor ist eigentlich unvorstellbar.

Ich schluchze die ganze Anspannung der letzten Tage raus. Meine Mutter sitzt schweigend neben mir und streichelt mir hilflos den Rücken. Es ist eine laue Nacht, durch das geöffnete Fenster hört man ein paar Feuerwerksraketen ploppen.

Spontan wähle ich Rikes Handynummer, um ihr zu berichten, wie es mir ergangen ist, mit »ihrem« Doktor. Sie kann mich mit ihrer sachlichen Art etwas beruhigen, es tut mir gut, ihre Stimme zu hören.

Unterschwellig ist da aber dieses Dornröschen-Gefühl, dass mich jetzt unbedingt bald jemand retten sollte. Aber kein Prinz hier weit und breit, der mich gesund küssen würde, nur Ärzte und Pflegepersonal.

Die reizend-rustikale Nachtschwester bringt mir ein Schlafmittel gegen allzu schwere Gedanken: »Ick jeb Ihnen mal unsern Küstennebel, dat se jut schlafen könn, wa!« Ich muss tatsächlich lächeln. Und nachdem das Zeug aussieht wie ein Mini-Pastis, habe ich es runtergekippt. Zehn Minuten später bin ich in den Wolken über Südfrankreich.

15. Juni 2006

Das Gebäude, in dem sich die Radiologie befindet, liegt einige hundert Meter entfernt von der gynäkologischen Station. Mit meiner Mutter und meiner Handtasche, Symbol meines Alltags, an dem ich mich festhalte wie an einem Rettungsring, wandere ich am Morgen über das Gelände, fast als hätte ich einen beruflichen Termin.

Ich habe noch alle möglichen Untersuchungen vor der OP, die morgen schon ansteht. Wenigstens muss ich die Zeit bis dahin nicht im Schlafanzug oder Morgenmantel verbringen. Es ist ohnehin zu heiß, um im Bett zu liegen – und warum auch? Immer schon haben mich Leute irritiert, die *vor* dem Krankenhaus in Schlappen und Jogginganzug stehen, sich an einem Infusionsständer festhalten und rauchen. Patienten tragen gefälligst Zivil, wenn sie nicht gerade in die Horizontale gezwungen werden! Merkt man, dass mein Opa General war?

Ich fühle mich wie in einem seltsamen Traum gefangen, aus dem ich nicht aufwachen kann. Vor einer Woche noch, in meinem »alten« Leben, habe ich ahnungslos Layouts am Computer gebastelt. Es kommt mir unwirklich vor, mit meiner Mutter über das weitläufige Klinikgelände zu gehen. Links und rechts liegen vereinzelt Gebäude, die zum Teil wohl schon seit Jahrzehnten leer stehen. »Wenigstens sind wir mal wieder zusammen verreist«, sage ich zu meiner Mutter, um der Realität eine Chance zu geben. Sie lächelt. Seit den sechziger Jahren ist sie nicht mehr in Berlin gewesen, und jetzt plötzlich laufen wir gemeinsam durch den ehemaligen Osten.

Das Kuddelmuddel aus verstaubtem DDR-Charme und eine Zeitreise suggerierende Filmkulisse verstärken den tranceartigen Zustand, in dem ich mich befinde. Alles ist komisch. Und es ist mir egal.

Die Patienten in den Wartezimmern gucken einander mit forschenden Augen an – »Sieht gar nicht krank aus, was der/die wohl hat?« Auch eine gewisse Solidarität der Betroffenen ist spürbar: »Aha, du auch.«

Durch eine schwere Erkrankung fühlt man sich als Mensch manchmal zur Summe seiner Symptome degradiert. Die Kulisse macht es vielleicht, dass ich mich in einem Stummfilm agieren sehe: als Untersuchungsobjekt mit dramatisch überschminkten Augen, das zu Klaviergehämmere unter dem Mikroskop in einer Petrischale den Freischwimmer macht. Wo liegt eigentlich Babelsberg?

Die professionelle Freundlichkeit und manchmal sogar das Mitgefühl vonseiten der Ärzte und des Pflegepersonals sind Balsam für meine gequälte Seele. Allein medizinische Hilfe bringt's nicht. Trotz der alten Mauern, die Methoden sind wirklich modern: Es gibt für uns angeknackste Frauen nicht nur eine Betreuung durch eine Psychoonkologin, die sich mit Krebs *und* Psychologie auskennt, sondern auch eine extra *breast nurse*. Haben die Engländer erfunden, aber Sigi ist eine waschechte Berlinerin.

Als Krankenschwester mit einer Zusatzausbildung weiß sie um die speziellen Probleme und Therapien bei Brustkrebspatientinnen, sie leitet an und berät. Sigi ist auch ein Bindeglied zu den Ärzten, sie hilft mir die Infofetzen, die ich mir merken kann, zusammenzufügen.

Herz, Lunge, Blutdruck etc. – alle Ergebnisse meiner internistischen Voruntersuchungen sind gut, denn eigentlich bin ich jung und gesund. Ach nein, ich bin ja krank. An diesen Zustand der Schwäche habe ich mich noch nicht gewöhnt. Vor ein paar Tagen hatte ich noch einen Job, jede Menge Verpflichtungen und Pläne. Jetzt sehe ich mich herabgestuft zur passiven Empfängerin von schlechten Nachrichten. Eine Rolle, die mir gar nicht liegt.

Da helfen auch Handtasche und normale Kleidung nichts. Nach nur zwei Tagen ist meine Krankenakte dick wie ein Döner, und ich habe ein unsichtbares Zeichen, einen sogenannten ICD-10 Diagnose-Code, der mich abstempelt: C50.9 – Krebs der Brustdrüse. Damit ist nun alles schön klassifiziert.

Aber es soll noch schlimmer kommen: Ich werde tatsächlich markiert, in einer anderen Abteilung. Um den Sentinel, den Wächterlymphknoten, sichtbar zu machen, spritzt man mir eine radioaktive Substanz und einen Farbstoff. Dieser nächstgelegene Knoten im Lymphabflussgebiet eines Tumors kann eine erste Metastase sein oder, wenn er »frei« ist, sicher anzeigen, dass das Karzinom noch nicht in die Lymphe gestreut hat. Von den vielen Fachbegriffen, die mich umschwirren wie Fruchtfliegen eine alte Ananas, habe ich erst mal keine Ahnung, ich kapiere gar nicht so richtig, was alles mit mir angestellt wird, außer Sigi erklärt es mir noch mal. Mit der Zeit wird jeder Patient irgendwie auch Spezialist in seiner Krankheit, sozusagen ein Diplompatient, ein Dipl.Pat., und kann selbst schlau im medizinischen Jargon daherschwätzen.

Schwitzend quäle ich mich auf einer sehr unbequemen Liege rum. Die Nuklearmedizin befindet sich in einem Neubau aus sozialistischen Zeiten, für dessen Eingangsbereich ein Kunstschmied eine von Atomen umzingelte Äskulapschlange geschaffen hat.

Weit weg dudelt aus dem Radio der Schwestern wieder mal der unvermeidliche Xavier-Naidoo-Song *»Setz dein Segel nicht, wenn der Wind das Meer aufbraust ...«*. Ich wäre schon dankbar für einen Ventilator in meiner Nähe.

Die WM ist inzwischen in vollem Gange. 1:0 gegen Polen, den Sieg habe ich am Abend vorher verheult. Schon wieder gewonnen. Gut so. Ich bin abergläubisch dankbar für jedes positive Zeichen.

Das radioaktive Zeugs landet beim ersten Versuch nicht da, wo es hin soll. Die Prozedur muss wiederholt werden, und dann zeigt sich im Röntgenbild nicht nur ein Sentinel, sondern mehrere. So etwas kommt vor, es passen dann mehrere Wächter auf. Finde ich gut. Dass dann auf jeden Fall alle rausgenommen werden müssen, weiß ich da noch nicht.

»Dieser Weg ist steinig und schwer ...« Hart auf jeden Fall. Nach einer halben Stunde Liegen tut mir der Rücken weh. In den letzten Tagen habe ich wegen Appetitlosigkeit ein paar Pfund abgenommen und spüre meine Rippen auf der dünnen Unterlage. Endlich darf ich wieder gehen.

Auf dem Rückweg in die Gynäkologie sehe ich einige frisch operierte Frauen im postoperativen Morgenmantel auf der schattigen, zum Park der Klinik hin gelegenen Terrasse rauchen. Durch das anachronistische Ambiente wirkt das Ganze fast wie eine Szene aus dem *Zauberberg*. Nach ihrer OP tragen alle noch die Schläuche der Drainagen zur Ableitung der Wundflüssigkeit, deren Behälter in kleinen Stoffsäckchen an ihnen baumeln. Ich beneide sie, ihr Alien ist abgemurkst worden. In ihnen wächst kein Knoten weiter.

Der Professor hat mir von einer Frau aus München erzählt, die wie ich extra zur Brustkrebs-OP nach Berlin gefahren ist. Ich bin neugierig auf sie. Das gleiche Schicksal und die Entscheidung, für eine optimale Behandlung auch zu reisen, verbinden mich mit einer Unbekannten.

Wir erkennen uns sofort bei der ersten Begegnung in den Krankenhausfluren: »Bist du die, die auch aus München kommt?« Wir duzen uns gleich.

Stella ist in meinem Alter und hat ihren Freund Georg zur Unterstützung dabei. Die beiden sind mit dem Auto nach Berlin gekommen und klappern nun, genau wie ich mit meiner Mutter, zu zweit die Untersuchungen ab. Wir stellen fest, dass wir beide nacheinander am selben Tag an unterschiedlichen Brüsten operiert werden sollen. Ein munterer Weiberratsch wird es zwar nicht, aber für Stella empfinde ich sofort ein schwesterliches Gefühl der Solidarität. Sie ist eine Mitstreiterin, und mir wird auf einmal klar, dass ich doch nicht alleine bin, dass sich auch viele andere Menschen genau in diesem Moment über einen Abgrund hangeln.

Die Gesunden kommen mir vor wie Lebewesen auf einem anderen Planeten. Vor allem die Ärzte, die reden sich leicht über Krebs und seine Details, die sind ja nicht erkrankt. Die haben keine Angst vor den Therapien, die sie verordnen. Die müssen sie nicht selbst mitmachen, um zu wissen, ob sie wirklich helfen. Die können jeden Abend die Klinik verlassen und sind gesund. Die da – und ich da.

Ein »Wir da« fühlt sich besser an.

Abends gehe ich mit meiner Mutter auf dem Klinikgelände spazieren. Sie hält mich an der Hand, wie sie es vor vielen Jahren gemacht hat, um mich davor zu beschützen, vom Auto überfahren zu werden. Jetzt ist der »Unfall« schon passiert, daran kann sie nichts ändern, aber wir lassen uns nicht überrollen. »Morgen um die Zeit ist dein Tumor weg, dann wird es dir schon besser gehen.« »Ja, hoffentlich. Ich möchte übrigens, dass du einen Ausflug in die Stadt machst, nicht hier auf mich wartest, bis ich aus dem OP komme.«

Aus dem Gedächtnis zeichne ich ihr später eine Karte von Berlin-Mitte mit all den Highlights, die sie sich anschauen soll, inklusive französische Törtchen essen in den Galeries Lafayette.

Meinen Freunden schicke ich noch ein kurzes Lebenszeichen per SMS. Dann schalte ich wieder aus, ohne die Mailbox zu beachten, die wie verrückt brummt.

16. Juni 2006, Tag der OP

Am Morgen gießt es vorhangartig wie in den Tropen. Der erste Regen seit Wochen, die Luft ist schwül und klebrig. Wieder muss ich rüber in die Radiologie laufen, diesmal mit Regenschirm, aber ohne Tasche. Die habe ich nicht mehr dabei, spätestens heute bin ich im Patientendasein angekommen. Aber trotzdem bin ich fast euphorisch, dass es endlich so weit ist, ich von meinem Alien befreit werde.

Die Oberärztin, die mich untersucht, diagnostiziert als Erstes, dass wir derselbe Jahrgang sind. Mithilfe einer örtlichen Betäubung und Ultraschall befestigt sie eine Art Drahthaken direkt am Tumor. Zur Markierung und zum leichteren Auffinden während der OP.

Es ist unangenehm genug, wie der heilige Sebastian, der mit Pfeilen gemartert wurde (katholische Kindheit, sag ich ja!), im Behandlungszimmer herumzustehen. Aber das war noch nicht alles. Um zu überprüfen, ob der Haken auch wirklich richtig sitzt, wird eine weitere Mammographie gemacht. Nähere Ausführungen erspare ich mir – außer dass ich mich dabei tatsächlich märtyrerhaft gefühlt habe. Tief durchatmen! Das weit herausragende Drahtende wird anschließend mit Käppchen und Pflasterverband gesichert, und ich darf wieder in den Monsun zurück.

Unter diesen Umständen und weil mein Kreislauf so ganz ohne Frühstück anfängt zu schwächeln, bin ich dankbar, dass ich mich wieder in mein Bett legen kann. Meine Mutter ist mit der S-Bahn nach Mitte gefahren, um sich mit dem Touristenprogramm abzulenken. Stella ist noch vor mir dran, das hat sie mir erzählt. Ich warte ungeduldig, dass mich jemand abholt. Nach über zwei Tagen in der Klinik will ich es endlich hinter mich bringen. Die Wurstigkeitspille, die mir die Schwester verabreicht hat, wirkt nicht. So richtig gleichgültig will mir mein Zustand nicht sein. Ich überlege, ob ich mich von meiner Brust, wie ich sie kenne, noch verabschieden sollte. Aber der Spiegel im Bad ist weit weg, und mit dem Drahtverhau ist sowieso kein normaler Anblick mehr möglich. Es wird schon nicht so schlimm werden – irgendwie wirkt die Pille doch. Über die Fortschritte, die die Medizin in den letzten Jahren gemacht hat, bin ich unendlich froh, schon lange verurteilt einen Brustkrebs, wie in meinem Fall, nicht zwingend zum Amazonendasein: *Brust erhaltend* nennt sich die OP-Technik. Ich lege meine Hand auf den Verband, unter dem der Tumor am Haken hängt wie ein leichtsinniger Fisch am Köder.

Endlich kommt eine der Schwestern und schiebt mich in meinem Bett durch die weiten Gänge. Stella hat es geschafft, und ich werde es auch bald hinter mir haben. Der Anästhesist begrüßt mich so herzlich, als würden wir uns kennen. Wir plaudern noch ein wenig.

Ich weiß nicht genau, um welche Uhrzeit ich in den OP gekommen bin, aber was die altmodische Wanduhr gegenüber jetzt anzeigt, erscheint mir zu spät, um immer noch wartend herumzuliegen. Als ich fragen will, wann es denn nun endlich losgehe, rollen die Worte ziemlich unverständlich aus meinem Mund.

Meine Brust fühlt sich eng an. Langsam begreife ich, dass ich schon im Aufwachraum liege. Es ist vorbei. Alien – over!

Mein Brustkorb ist straff bandagiert, so richtig tief Luft holen geht nicht. Aber keine Spur mehr vom störenden Angelhaken. Nach einiger Zeit werde ich zurück auf mein kleines, ruhiges Zimmer gebracht.

Meine Mutter ist noch in Babylon. Sie wollte schon immer mal das Pergamon-Museum sehen. Da sie vor fast vierzig Jahren das letzte Mal in Berlin gewesen ist, kennt sie die neue, große Stadt noch gar nicht.

Es hat aufgehört zu regnen. Vor dem Fenster glänzen die Blätter der großen Linde wie frisch lackiert. Ich liege in meinem Zimmer, genau wie vor ein paar Stunden auch. Trotzdem fühlte ich mich ganz anders. Wie nach einem Wettkampf oder bei einer Bergtour auf dem Gipfel. Der Krebscountdown ist unterbrochen worden, ich fühle das erste Mal seit Tagen Entspannung und – Hunger.

»Na, wie geht's dir? Draußen ist's wie im Treibhaus, und die Stadt ist verrückt geworden!« Abgekämpft, aber sichtlich belebt kommt meine Mutter in mein Zimmer und schüttelt ihre Laufschuhe von den heißen Füßen. Sie hat sich nach dem Ischtar-Tor und der türkisblau gekachelten Prozessionsstraße Babylons auch noch das 2600 Jahre jüngere Gegenstück Fanmeile am Brandenburger Tor angesehen, wo heute »Uruguay gegen Hirschgeweih« oder so, genauer konnte sie sich an die Namen der zwei Mannschaften nicht erinnern, übertragen wurde. Der nette Professor hatte sie gleich nach der OP auf dem Handy angerufen, um ihr über den Verlauf Bescheid zu geben. Anschließend hat sie dann meinen Vater, der zu Hause das Telefon belauerte, beruhigt.

»Ich erzähle dir gleich, was hier los war, und du mir, was der Professor gesagt hat, aber erst mal habe ich Hunger.«

Das hören Mütter immer gerne. Bei den Schwestern organisiert sie ein Salamibrot und Kekse, mit denen wir mein Bett vollkrümeln. Ich spüre ihre Erleichterung, dass alles problemlos verlaufen ist und ich so gut gelaunt bin. Zum Nachtisch gibt es noch einen Griff in die Tüte mit »Fred Ferkel«, meinen rosa Lieblingsfruchtgummis, die sie mir mitgebracht hat. Wir kichern darüber, ob das die richtige Ernährung nach einer Operation sei und ob die Ärzte bei Entdeckung wohl die Tüte konfiszieren würden. Auch egal. Es ist fast wie im Schlafsaal im Schullandheim.

18. Juni 2006

»Berlin schon heißer als Rio«, meldet die Bild-Zeitung. Ausnahmsweise hat sie mal recht. Nach dem verregneten OP-Morgen ist die Dauersonne wieder zurückgekommen. Die ganze Stadt glüht bei circa 33 Grad guter Oberhitze. Meine Freundin Lala, die vor ein paar Jahren nach Schöneberg gezogen ist, kommt mit Kaffee und Kuchen und ein paar frischen T-Shirts zu Besuch. Meine eigenen sind mittlerweile alle verschwitzt, und im Pofrei-Hemdchen will ich nicht herumlaufen, auch wenn man die bequemer anziehen kann.

Lala hatte ich noch kurz vor meiner Abreise per Mail alarmiert. Wir haben den Kontakt nie verloren, wenn ich in Berlin bin oder sie in München, treffen wir uns. Freunde in anderen Städten zu haben, fand ich immer schon gut. Zusammen mit meiner Mutter setzen wir uns in einen der rosenumrankten Pavillons im Garten, um vor der Sonne in Deckung zu gehen. Auch das ein schöner Drehort.

Zwei Tage sind jetzt seit der Operation vergangen, und ich bin das erste Mal wieder in der Vertikalen. Ich fühle mich noch etwas klapprig, bin aber vor allem froh, wieder aufstehen zu können, meinen Rock und ein Shirt von Lala zu tragen. Krankenkluft ade! Statt Tasche habe ich jetzt auch ein Stoffsäckchen mit dem Drainagebehälter an meiner Seite. Den festen Brustwickel durfte ich netterweise schnell wieder ablegen. Die Nähte bedeckt nur noch ein großes Pflaster. *Die Nähte,* Mehrzahl!

Bei der OP hat sich gezeigt, dass ich tatsächlich nicht nur einen Wächterlymphknoten hatte, sondern insgesamt sechs, die sich durch die Markierungsfarbe alle blau zeigten. Folglich alle entnommen werden mussten, um während der OP im Schnellschnitt untersucht zu werden. Einer von ihnen hatte einen besonders guten Aufpasserjob gemacht, er war befallen.

Das hieß in der Konsequenz, dass zur Sicherheit noch weitere, aber nicht alle Lymphknoten aus den verschiedenen Levels der Achselhöhle entfernt werden mussten. Also habe ich dort gleichfalls einen Schnitt, weswegen mir auch mein Arm wehtut. An der Brust spüre ich fast nichts, nur die zwei Drainageschläuche, die aus den Wunden baumeln, ziepen manchmal. Als mein Doktor mir die beunruhigende Nachricht abends, nach der OP, noch überbrachte, wurde meine anfängliche Euphorie gedämpft: »Sicherheitshalber haben wir nun doch Lymphknoten aus der Achsel entfernt. Die werden jetzt von der Pathologie auseinandergenommen. Meine Therapieentscheidung beeinflusst das sowieso nicht. Wir machen es so wie besprochen: Chemo, Bestrahlung, Antikörper- und Antihormon-Therapie.«

Er strahlte wieder so viel professionellen Optimismus aus, dass ich ihn irgendwie nicht mit laienhafter Enttäuschung behelligen wollte: »*Kein* Lymphknoten wäre mir lieber als einer gewesen. Aber einer ist besser als sechs. Doch wer weiß, was mit den anderen ist?«

Dicke Gedankenwolken schieben sich immer wieder durch meinen Kopf und lassen mir keine Ruhe. Anscheinend muss man andauernd gefasst sein auf neue schlechte Nachrichten. Die endgültigen Ergebnisse der Pathologie sollen am Tag unserer Abreise kommen.

Lala hat sogar Schlagsahne dabei, der Erdbeerkuchen schmeckt köstlich. Mein Appetit heute ist auf jeden Fall schon mal gesund.

Es tut gut, sich abzulenken. Am frühen Abend läuft ein Fußballspiel, auf das ich mich lange gefreut habe, Australien gegen Brasilien. Die *No-Names*, die erst ein einziges Mal vorher an einer WM teilgenommen haben, gegen den mehrfachen Weltmeister. Ein Unentschieden wäre für die Aussies schon ein Sieg. Und darauf setze ich jetzt einfach mal. Australien ist seit meinen Kindertagen ein gelobtes Land für mich, wo immer die Sonne scheint, die witzigsten Tiere leben und freundliche Menschen auf dem Kopf stehen. Als Erwachsene konnte ich mir den Wunschtraum erfüllen, das Land endlich zu bereisen, und war inzwischen einige Male *down under* gewesen. Und ein Teil von mir ist wohl dauerhaft am Beach oder im Regenwald von Queensland geblieben. Daher meine Anteilnahme am Abschneiden des australischen Fußballteams.

Wir packen das Picknick zusammen und gehen zurück in die Klinik, um rechtzeitig vor Ort zu sein. Mir reicht der Ausflug mittlerweile, ich habe Sehnsucht nach meinem Bett. Während im Fernsehen die Vorbereitungen zum Spiel laufen, merke ich plötzlich, wie sehr mich die Erinnerung an mein Sehnsuchtsland aufbaut: »Dort werde ich hinfahren, wenn alles vorbei ist. Ich werde wieder dort sein.« Das ist auf einmal ganz klar.

Als die australische Nationalhymne gespielt wird, muss ich plötzlich weinen. Das letzte Mal habe ich sie gehört, als die kleine Tochter meiner Freunde, die vor Jahren ausgewandert sind, sie am Australia Day auf einem Campingplatz am Strand gesungen hat. Trotz Urlaub wollten wir etwas Patriotisches tun. Ich denke an den Blick auf den Pazifik, den man von dort hatte, und diese wunderschöne Zeit – sorglos, gesund, unabhängig. Der Tag am Meer ist nur ein paar Jahre her.

Die Kängurus verlieren mit 2:0. Aber sie haben sich wacker geschlagen, und vor allem – sie haben mich an etwas erinnert.

Es gibt noch ein anderes Ziel für mich außer dem, die nächsten Monate mit all den Therapien möglichst unbeschadet zu überstehen. Das ist gut.

Heute Abend will ich keinen »Küstennebel« von meiner Lieblingsnachtschwester. Als sie fragt, was sie sonst für mich tun könne, antworte ich im Scherz: »Sie könnten mir ja ein Schlaflied singen, und ein Stück Schokolade wäre auch nicht schlecht.«

»Also, ob Se ma wirklich singen hören wollen, det jlob ick nich. Aber ick bring Ihnen jerne wat Süßet.« Und bevor ich sie davon abhalten kann, ist sie schon entschwunden, um einige Minuten später mit einer Praline in der Hand wieder aufzutauchen. Das manchmal sehr robuste Klinikpersonal, das hauptsächlich aus dem ehemaligen Osten stammt, hat das Herz auf dem richtigen Fleck, wie ich finde – die Schwestern sind nicht mitleidig, aber mitfühlend, sie sind einfach menschlich. Sie benehmen sich wie die graziösesten Elefanten, die jemals Seelen-Porzellanläden betreten haben. Und nie geht etwas zu Bruch. Im Gegenteil. Manche Scherben werden hier sogar wieder gekittet.

19. Juni 2006

Stella hat auch Sehnsucht nach Freiheit verspürt und ist heimlich beim *Public Viewing* auf der Fanmeile gewesen – mitten in Brasilien. Als ich sie endlich das erste Mal nach unserer OP wieder sehe, in einer Sitzgruppe vor der Röntgenabteilung, die noch schwer DDR atmet, erzählt sie mir von diesem Ausflug in die Stadt, mit ihrem Freund und dem Drainagesäckchen. Und ich bin mir mit meinen zwei Stunden im Garten schon toll vorgekommen … Allerdings gibt sie zu, dass es ihr ganz schnell zu viel gewesen ist und Georg sie mehr oder weniger zurückgetragen hat in die Klinik.

Bei ihr ist alles sehr gut verlaufen, sogar ihre Achselhöhlen sind unversehrt. Wir stellen fest, dass es nach der OP auf jeden Fall anders ist als vor der OP, und grinsen uns an. Dann wird mein Name aufgerufen.

Die Sonographie verläuft unspektakulär, wobei immerhin nach fiesen Fernmetastasen gesucht wird. Ich bin aber von der akuten Alienentfernung so überzeugt, dass ich mir gar nicht vorstellen kann, sie könnte nicht ausreichend gewesen sein. Trotzdem bin ich froh, dass die Radiologin mir genau erzählt, was sie gerade macht, und dass das, was sie sieht, unauffällig wirkt. Der gesamte Bauchraum mit Innereien wird unter die Lupe genommen.

Kein Befund.

Erleichtert fliehe ich nach draußen in den Hochsommer. Meine Mutter ist unterwegs, ich habe sie auf die Touristentour Teil II geschickt. Sie soll unbedingt ein bisschen Spaß haben, nicht andauernd im Krankenhaus an Krebs denken. Sie erholt sich schließlich selbst noch immer davon.

Ich bin froh, nicht im Bett liegen zu müssen, hole mir ein Eis in der Klinikkantine, die aussieht wie ein Tanzsaal aus den Fifties, und setze mich in den Schatten der summenden Bäume. Alles normal, alles ruhig. Ich genieße diesen Moment, bis die spitzen Schreie einer Gebärenden die Stille stören. Wohl wegen der Hitze hat man die Fenster im Kreißsaal geöffnet. Was Frauen alles aushalten können.

Ich stelle mir kurz vor, bei der Diagnose hätte ich so geschrien. Das wäre der Situation angemessen gewesen.

Ich krame das abgeschaltete Handy aus der Tasche, die mich wieder begleiten darf, um Kontakt aufzunehmen mit der alten Welt: zwölf neue Nachrichten, fünfzehn Anrufe in Abwesenheit. So viele machen sich Sorgen und nehmen Anteil an meiner Krankheit, die sich in den letzten Tagen offensichtlich herumgesprochen hat. Ich verfasse eine kurze SMS und schicke sie an mehrere Leute. Telefonieren will ich nur mit einigen wenigen. Noch bin ich dort gefangen, wohin mir niemand wirklich folgen kann.

Vor mir auf dem Besucherparkplatz haben mittlerweile fast alle Autos Deutschlandfähnchen am Seitenfenster. Seit meiner Ankunft haben sie sich selbst in der antiseptischen Klinikwelt virusartig ausgebreitet. Aber ein Wagen hat einen besonders bedeutungsschweren Aufkleber an der Heckscheibe:

ES GIBT NUR EINE SÜNDE
FEIGHEIT

Das kommt mir diesmal vor wie eine seltsame Nachricht von ganz oben.

»Okay, du hast recht, auch wenn ich mit dieser ganzen Sündennummer nichts am Hut habe!« Seit der Diagnose führe ich ab und zu Gespräche mit Gott, wie Don Camillo, nur dass er mir nicht antwortet.

Beten kann ich nicht. Dazu bin ich zu enttäuscht von der Tatsache, dass der Himmelsmeister überhaupt zugelassen hat, dass ich an Krebs erkrankt bin.

Nachmittags findet ein Infogespräch für Patientinnen statt. Eine Runde blasser Frauen, Mitte fünfzig mit zusammengedrückten Klinik-Haaren, sitzt um die Resopaltische im Gemeinschaftsraum, wo sonst zusammen gegessen wird. Frühstück ans Bett etc. gibt's nur ein bis zwei Tage nach der OP. Eine eifrige Dame vom Sozialdienst gibt Tipps für den Alltag, etwa dass wir einen Schwerbehindertenausweis beantragen können. Schwerbehindert? Gerade habe ich mich ein bisschen erholt von der Tatsache Krebs, und jetzt soll ich auch noch als behindert gelten? Nett, dass der Staat schon drei Tage nach der Operation an uns denkt, aber das geht doch zu weit. Nicht mit mir.

Dann kommt die Dame zu den Privilegien der Ausweisinhaber: Steuervorteile, Kündigungsschutz, eine volle Woche mehr Jahresurlaub, das Ganze erst mal für fünf Jahre, quasi »auf Bewährung«. Ups – wo kann ich unterschreiben?

Die Bearbeitung des Antrags und sein Behördenweg nach Bayern dauerten einige Wochen, aber es laufe wohl auf einen sechzigprozentigen Grad der Behinderung, kurz GdB, hinaus. Na ja, ich muss ja nicht dauernd mit so einem Ausweis rumwedeln, aber an der Kasse im Kino, Museum und Schwimmbad spart er einfach Geld. Wenn der Staat schon was tut für seine benachteiligten Bürger …

Ein amputierter Unterschenkel bringt übrigens nur 50 Prozent GdB. So gesehen bin ich also ein noch ärmeres Schwein als ein Einbeiniger. An den Gedanken muss ich mich erst noch gewöhnen.

20. Juni 2006

Die Drainagen werden gezogen, die Pflaster immer kleiner. Endlich kann ich mal wieder vorsichtig duschen. Als neuer Mensch trete ich nur im Slip aus dem kleinen Bad – mitten in eine Versammlung von ungefähr zehn Menschen, die sich in ihren morgenfrischen weißen Kitteln wie eine Engelsschar um den Professor drängen: heute Chefarztvisite. Aus meinen nassen Haaren tropft Wasser auf den Boden. Ich bin froh, das eine oder andere Gesicht zu erkennen, das mich freundlich mustert. Dass ich fast nackt bin, stört mich eigentlich nicht, dafür gab es zu viele Untersuchungen in den letzten Tagen.

»Muss ich mich wenigstens nicht ausziehen.« Die Runde grinst. Mein Doktor schaut sich die Wunden und die frischen Nähte an und ist zufrieden. Von der Pathologie, wo jetzt meine Lymphknoten liegen, hat er noch nichts gehört, aber spätestens morgen soll das Ergebnis kommen, rechtzeitig zu meiner Entlassung. Jetzt fehlt nur noch eine Szintigraphie, eine nuklearmedizinische Untersuchung, mit der man eventuelle Knochenmetastasen feststellen kann. Ich habe mal wieder nur eine vage Ahnung, was dabei vor sich geht.

Also nach dem Frühstück ein letztes Mal rüber in die Radiologie und Nuklearmedizin. Diesmal wieder in Begleitung meiner Mutter, die ihr Touri-Programm beendet hat. Sie will lieber mit mir auf dem idyllischen Klinikgelände bleiben, statt sich noch einen Tag der brüllend heißen, übervollen Großstadt auszusetzen. Nach längerem Warten bekomme ich erst mal ein Kontrastmittel gespritzt und – muss weiter warten. Als ich zur Toilette will, stelle ich fest, dass es extra eine für Strahlenpatienten gibt, zur fachgerechten Entsorgung von gefährlichem Pipi. Ob diese Untersuchungen alle so besonders »gesund« sind? Ich muss an Teufel und Beelzebub denken.

Aus dem Spiegel der Toilette mit dem dekorativen Radioaktivlogo an der Tür schaut mir ein käsiges, schmales Gesicht entgegen. Ich habe einige Kilo abgenommen, und jetzt treten meine Backenknochen unschön vor. Ich sehe krank aus, plötzlich kann ich meinen Schädel unter der Haut ahnen. Und was wäre, wenn sie bei der Szintigraphie etwas finden würden? Wenn der eine befallene Wächter schon Krebszellen durchgelassen hat? Wenn das Alien sich doch schon breitmacht in meinem Körper?

Auf einmal verspüre ich wieder dieselbe würgende Angst wie am Tag der Diagnose.

Ich verlasse die Toilette mit Gummiknien. Inzwischen ist auch Stella eingetroffen, die mit meiner Mutter plaudert. Stella scheint gar keine Angst vor der Untersuchung zu haben. Ich kann sie nicht mehr danach fragen, da ich endlich aufgerufen werde. Hektisch krame ich noch in meiner Handtasche nach meinen Bachblüten-Rescue-Tropfen. Seit sie mich mal bei einer Attacke von akuter Flugangst davor bewahrt haben, in 10 000 Metern Höhe komplett auszuticken, sind sie immer dabei.

Wieder muss ich mich auf eine harte Pritsche legen. Eine

Metallplatte senkt sich nur Zentimeter über meine Nasenspitze, und die Untersuchung beginnt. Die Assistentin geht in den Nebenraum, wo sie mein Skelett zusammen mit einer Ärztin live begutachtet.

Die ersten Minuten allein unter der Grabplatte sind noch erträglich, aber nach einiger Zeit beginnt mein Puls zu galoppieren. Quälend langsam fährt das Gerät über mich. Ich muss die Augen schließen, um die Sargidee auszublenden. Wieder sehe ich mein knochiges Gesicht vor mir. Ich soll ganz still liegen, für ungefähr zwanzig Minuten, hieß es, die Minuten kommen mir vor wie eine Ewigkeit.

Am liebsten würde ich aufspringen und weglaufen. Aber dann müsste alles wiederholt werden. Schweißgebadet liege ich da und versuche mich zu beruhigen. Geht nicht. Nackte Panik schießt mir in die Glieder, aber ich rühre mich nicht. »Scheiße, warum habe ich nie gelernt zu meditieren? Das wäre die Rettung.«

Ich versuche an schöne Orte zu denken, aber es wollen mir keine einfallen. Hiiilfe! Im Hintergrund höre ich die zwei Frauen leise miteinander sprechen, wahrscheinlich unterhalten sie sich schon über meine Knochenmetastasen. Meine Fantasie entwickelt ungefragt Horrorszenarien. Verzweifelt krame ich in allen Erinnerungsschubladen nach guten Gedanken. Und endlich ist da einer, der eine Wirkung tut: Schon mit Mitte zwanzig hatte ich das Gefühl, einmal sehr alt zu werden. Warum, wieso, keine Ahnung. Mein Puls geht wieder langsamer. Das Gemurmel aus dem Nebenraum ist fast ausgeblendet. Plötzlich steht die Assistentin mit dem dicken, blonden Pferdeschwanz wieder neben mir und sagt:

»Jeschafft. Sieht allet schick aus!«

Wie auf Kommando heule ich los, als wäre ein Damm gebrochen. Nach der Tortur löst sich meine Anspannung in einer Tränenflut auf. Das Mädchen guckt erschrocken: »Is doch allet jut, Frau Decker. War det denn jetzt so schlimm?« Sie hat keine Ahnung, über welche Gedankenabgründe ich balanciert bin.

»Ja, det war janz janz schlimm!«, denke ich und schluchze weiter in meine Hände. Sie streicht mir tröstend ein paar Mal über den verschwitzten Rücken. »Det wird schon werden.«

Als ich mich etwas gefangen habe, gibt sie mir eine Box mit Laborwischis zum Schnäuzen und hilft mir von der Pritsche herunter. Nach einigen Minuten habe ich mich einigermaßen beruhigt. Trotzdem verlasse ich das Zimmer in ziemlich aufgelöstem Zustand.

Draußen unterhält sich meine Mutter immer noch angeregt auf dem DDR-Sofa. Stella schaut hoch zu mir und sagt: »Manno, das hat ja lange gedauert. Wie siehst du denn aus? Was war denn?« Da wird sie schon aufgerufen, und meine Mutter lotst mich schnell nach draußen in die Sonne.

Vor der Tür treffen wir Sigi, die gerade zu ihrem Büro im Nebenbau unterwegs ist. Fröhlich kommt sie auf uns zu, sieht mir aber gleich an, dass etwas passiert ist. Wir setzen uns auf eine der schattigen Bänke, und ich erzähle von meinem unerwarteten Horrortrip. Meine Nerven sind nach einer Woche *tapfer sein* am Ende. Es tut gut, mit ihr zu reden, jemanden zu haben, der meine Gefühle »bestätigen« kann. Meine Tränen kullern schon wieder, aber durch ihren Zuspruch werde ich langsam ruhiger. In diesem aufgelösten Zustand duzen wir uns – und dabei wird es auch bleiben. Ich bin froh, dass ein Psychoprofi meine Mutter etwas entlastet. Sie sitzt mit ernster Miene neben uns, und ich sehe, dass auch sie feuchte Augen hat.

Sigi muss bald weiter, spontan beenden wir das Gespräch mit einer Umarmung. Auch meine »Mutti«, wie sie hier im ehemaligen Osten heißt, wird solidarisch gedrückt. Erst beim Aufstehen bemerken wir, dass wir drei nicht nur auf einer Bank, sondern auch auf einer Ameisenstraße zur Rushhour gesessen haben. Ich muss grinsen, heute kann mich nix mehr aufregen.

Nachmittags geht es Deutschland und mir besser. Klinsis Jungs gewinnen 3:0 gegen Ecuador.

Die Welle der nationalen Euphorie schwappt nach dem Schlusspfiff bis in unsere Gynäkologie, wo Väter im Deutschlandtrikot, die noch stolzer als sonst sind, ihre WM-Babys und deren Mütter besuchen kommen. Mit Autos, aus denen jetzt scheinbar noch größere Flaggen hängen.

21. Juni 2006, letzter Tag in Berlin

Eine Woche Krankenhaus ist um. Am Abend geht unser Flug zurück nach Hause. Auch Stella und Georg wollen mit dem Auto los, warten nur noch auf die Ergebnisse der Pathologie. Extra für »die Damen vom Südpol« hat man eine Sonderschicht eingelegt, damit wir die Befunde mit unserem Doktor vor der Abreise persönlich besprechen können. Aber noch sind sie nicht da.

Ich packe meinen Koffer, verabschiede mich reihum und verschenke die Blumensträuße, die mir Freunde und Kollegen geschickt haben, an die Schwestern.

Nur einen will ich mitnehmen, den Rosenstrauß von meinem Chef, der so besonders schön ist, dass ich ihn unbedingt mit nach Hause nehmen will. Mir ist einfach danach, nicht wirklich vernünftige Dinge zu tun. Ich setze mich auf die Terrasse und versuche zu lesen, während ich auf die Besprechung warte.

Da klar ist, dass ich an einer Chemo nicht vorbeikommen werde, bin ich relativ gefasst, was die Therapien angeht. Aber der Gedanke an eine mögliche Nachoperation nagt leise an mir. Die würde nötig, wenn die Schnittränder des Präparats nicht »sauber« sind, das heißt, nicht weit genug entfernt vom Tumor im »Gesunden« geschnitten wurde. Und: Was war mit den restlichen entfernten Lymphknoten?

Ich kann mich nicht auf das Buch konzentrieren, jede Zeile

muss ich zweimal lesen und kapiere doch nichts. Von drinnen höre ich Stellas Stimme und gehe in den Wartebereich. Sie sitzt mit Georg vor dem Arztzimmer und ist mindestens so nervös und ungeduldig wie ich. Georg spielt mit dem Autoschlüssel, als möchte er sofort die Flucht antreten. Unser Taxi soll in einer halben Stunde kommen. Was fehlt, sind die Ergebnisse.

Dann fliegt unser Professor mit wehendem Kittel heran. Weil Stella mit dem Auto die längere Reise vor sich hat, kommt sie zuerst dran. Als sie im Arztzimmer verschwindet, gehe ich mit meiner Mutter raus in den Park, ich kann nicht mehr sitzen. Eine der Schwestern will uns Bescheid geben. Bewusst bewundere ich ein letztes Mal das alte Krankenhaus, die Semmelweis-Filmkulisse, die mir vertraut geworden ist. Ich bin dankbar, nicht in einer der hypermodernen Medizinfabriken gelandet zu sein, wo man erst mal kilometerlang albtraumartig durch Gänge läuft, ehe man auf ein Mini-Rasenstück treten kann. Hier ist viel Raum. Auch für die Seele. Und den haben speziell Krebspatienten nötig.

Es ist so weit, wir sollen reinkommen. Die Befunde der Pathologie sind erfreulich, der Doc hat gute Arbeit geleistet, das Alien ist tot, präpariert, isoliert, und die Ränder sind frei von bösartigen Zellen – keine Nachoperation fällig.

Außer einem Wächter waren keine weiteren Lymphknoten befallen. 35 von 36 Lymphknoten waren frei. Tatsächlich 36! Mir ist gar nicht klar gewesen, dass der Professor so viele entnommen hat – überhaupt, dass ein Mensch so viele haben kann. Ich bin wieder mal etwas verunsichert. Aber es waren nicht alle, keine Komplettausräumung, wie man das früher gemacht hat, beruhigt mich der Doktor. Wie sieht es denn jetzt in meiner Achselhöhle unter dem Pflaster aus? Lymphstau … Lymphdrainage zur Behandlung … dicker Arm für immer? Die Geisterbahn hat doch noch geöffnet. Sigi, die bei der Besprechung dabei ist, gibt mir einige praktische Tipps.

Ziemlich bedient stehe ich kurz danach wieder auf dem Gang. Eine verheulte Stella sitzt vor der Tür. Sie hat auf mich gewartet: »Ich muss doch eine Chemo machen!« Auch bei ihr ist das Gespräch nicht nur positiv verlaufen, sie hatte sich bis dahin erfolgreich eingeredet, um eine Chemotherapie herumzukommen. Aber die Ergebnisse lassen ihr keine andere Wahl.

Ich tröste sie, dass es mich ja auch erwischt hat, und nehme sie vorsichtig in den Arm, die Brust ist bei uns beiden noch sehr empfindlich. Unsere operierten Seiten ergänzen sich. Wir beschließen, zum selben Onkologen zu gehen, um uns weiter beistehen zu können: Statt im Café trifft man sich auf ein paar Infusionen. Die Idee muntert uns auf, und in dieser galgenhumorigen Stimmung verabschieden wir uns. Ich zupfe ihr noch eine Rose aus meinem Strauß – dann ist sie weg. Auch wir müssen uns beeilen, kurz darauf sitze ich mit meiner Mutter im Taxi nach Tegel. Sieben Tage mit zwei deutschen Siegen bin ich nicht auf der Straße gewesen. Schwarz-Rot-Gold dominiert, die ganze Stadt ist mittlerweile beflaggt wie für eine Siegerparade. Ich fühle mich nach der verwirrenden Lymphstau-Nachricht eher wieder auf der Verliererseite. Mir ist leicht übel – ich weiß nicht genau, ob es mehr an meinen gerne mal hochschießenden Ängsten liegt oder an der großen Bremsfreudigkeit des Taxifahrers. Endlich am Flughafen angekommen, sehe ich blass und mit meinem weißen Rosenstrauß im Arm für die Passanten wohl aus wie eine ramponierte Braut mit Hangover, dafür ohne Ehemann.

Auf den Start müssen wir ewig warten, in München gehen riesige Gewitter nieder, sodass der Flughafen zeitweise gesperrt werden muss. Je länger ich am Gate sitze, desto klappriger fühle ich mich. Ich will in ein Bett. Freiwillig. Meine Mutter versucht mich aufzumuntern und mich – nach altem Familienrezept – mit literweise Kaffee wiederzubeleben. All die Menschen, die Hektik, die Hitze, die Ereignisse der letzten

Tage: Alles ist mir zu viel. Ich will endlich heim! Nach einigen Stunden halten mich nur die »Generalsgene« noch aufrecht. Wir landen erst kurz vor Mitternacht. Henry, ein guter Freund, mit dem ich per SMS den Krankentransport auch zu später Stunde koordiniert habe, erwartet uns. Als er mich in die Arme nimmt, spüre ich, wie sehr ich eine starke Schulter zum Anlehnen, einen Partner, der mich unterstützt, gebrauchen könnte. Es muss ohne gehen.

23. Juni 2006

Hilfe!! Verschwitzt stehe ich in der Umkleidekabine eines sogenannten Gesundheitsfachhauses, in dem allerlei Prothesen, Stöcke, Stützstrümpfe, aber auch Gummibrüste und sogar einzelne Nippel erhältlich sind. Ich dachte immer, dass ich so einen Laden nicht vor meinem sechsten Lebensjahrzehnt betreten würde.

Sigi hatte mir empfohlen, meine alten BHs auszutauschen und mir neue zuzulegen mit breiteren Trägern, die nicht einschneiden und deshalb keinen Lymphstau verursachen können. Dass der Krebs auch vor meiner Unterwäscheschublade nicht haltmacht, darüber bin ich richtig stinkig. Ich trage zwar sowieso lieber die softe BH-Variante, diese Drahtbügelbalkone sind nie mein Ding gewesen, aber NIE mehr Spaghettiträger? Zur vorsorglichen Lymphdrainage – einer Massage zum besseren Transport der Lymphflüssigkeit – soll ich auch gehen.

Der Spezial-BH, der jetzt an mir klebt, hat zwar breite Träger, aber ansonsten komme ich mir vor wie in einem Korsett. Tief einatmen ist nicht – kein Wunder, dass die Damen früher, wenn's spannend wurde, umgekippt sind. Wenigstens ist das Ding schwarz.

Ich muss mich auf den Hocker in der Kabine setzen. Meine

gesamte rechte Seite ist noch geschwollen und sehr druckempfindlich. Am liebsten würde ich gar nichts anziehen. Die engagierte Verkäuferin bringt mir noch mehr Auswahl, aber auch die spannt, außerdem ist sie weiß. Ich zweifle, ob das Ganze wirklich eine Verbesserung des Lymphflusses bewirkt – wohl eher nicht, ich kann die Druckstellen schon nach drei Minuten Anprobe sehen. »Nein, der passt. So muss er sitzen«, behauptet die Verkäuferin. Um die Angelegenheit, die meinen nach der OP noch schlappen Kreislauf gefährdet, schnell hinter mich zu bringen, kaufe ich für je fast fünfzig Euro zweimal das schwarze Teil. Eines geht auf Rezept. Normalerweise erstehe ich für so viel Geld erotischere Dessous. Erotik? Sex? Da war doch mal was – in einem anderen Leben …

Den zum Wechseln gedachten BH tausche ich nach drei Tagen wieder in Geld um, mit dem anderen quäle ich mich genau einmal für drei Stunden. Den Hersteller sollte man einer der Menschenrechtsorganisationen melden. Nach diesem missglückten Selbstversuch nehme ich wieder meine bequemen bügellosen Modelle und stelle einfach die schmalen Träger weiter. Geht auch.

Seit zwei Tagen bin ich nun wieder in meiner vertrauten Umgebung. Trotzdem kommt es mir so vor, als hätte ich ein gebrochenes Bein, aber keine Krücken. Meine Seele humpelt. Irgendwie fühle ich mich fremd in meinem eigenen Leben. Mir tun die vielen E-Mails, die Nachrichten auf meinem Anrufbeantworter, die in der Zwischenzeit gekommen sind, und die Anteilnahme zwar sehr gut, aber sie erhellen meine düsteren Gedanken nicht nachhaltig. Die erste Euphorie nach der OP ist schnell wieder verflogen, ein dunkler Vorhang senkt sich immer wieder vor mir. Das Drama hat viele Akte.

Bei meinen engen Freunden melde ich mich telefonisch zurück. Ich erzähle ein paar Mal von meinem Ausflug nach Berlin – und von den Aussichten auf die nächsten Monate. Meine Energie ist schnell erschöpft, wenn ich die Betroffenheit der anderen spüre. In die gebetsmühlenartig geäußerte Zuversicht, wie vor der OP, kann ich mich nicht mehr retten, dafür ist inzwischen zu viel passiert. Direkt ans Telefon gehe ich nicht, ich will immer vorher wissen, wer dran ist. Meine Kontakte sortiere ich sehr bewusst. Ich habe keine Zeit für Mitleidsblabla oder Menschen, die sich am schweren Schicksal anderer neu definieren wollen, »... da geht's mir ja noch gut«. Gibt's ja alles!

Bis auf Weiteres bin ich krankgeschrieben, und im Moment will ich auch nicht arbeiten. Ich will leben. Notfalls auch ohne große Wohnung, schöne Kleidung, Reisen, schickes Auto und die anderen Annehmlichkeiten. Einfach nur weiterleben. Alles andere ist unwichtig.

Sogar meine Arbeit im Verlag. Das wäre das ultimative Geschäft mit Gott:

»Ich gebe meinen langjährigen, sicheren Grafikjob auf, wenn du mir dafür meine Gesundheit zurückgibst. Ich kündige meine Arbeit – Hauptsache, das Leben schmeißt mich nicht raus!« Aber Gott schweigt sich aus. Er will, dass ich Gehaltsfortzahlung und Krankengeld bekomme.

Ich versteige mich also nicht weiter in absurde Überlegungen, sondern rufe meinen Chef an, um mich »unter den Lebenden« zurückzumelden. Journalisten haben meistens einen handfesten Humor. Wann und wie ich während der Dauer der Therapie arbeiten werde, kann ich ihm nicht sagen. Aber ich will auf keinen Fall ganz aussetzen. Er ist offensichtlich froh, meine Stimme zu hören, und reagiert sehr verständnisvoll: »Sie machen alles so, wie Sie es für richtig halten. Wir freuen uns, wenn Sie kommen, aber nehmen Sie sich die Zeit, die Sie brauchen. Und: Sie können mich jederzeit anrufen.« Ich bin erleichtert und unendlich dankbar für seine Großzügigkeit. Was für ein Glück, wenn man neben der täglichen Todesangst nicht auch noch um seine materielle Existenz bangen muss!

Eine pragmatische Gedankendämmerung nach meiner anfänglichen Alles-egal-Einstellung.

Wichtig ist jetzt die Suche nach einem guten Onkologen. Ich bekomme, wieder mal über meine Freundin Rike, eine Empfehlung, die ich mit Stella bespreche. Da sie bei ihren eigenen Recherchen auf denselben Arzt gestoßen ist, beschließen wir, dass er der Richtige ist. Jetzt muss er nur noch Zeit für uns haben. Das ist wesentlich schwieriger, als ihn ausfindig zu machen. Aber am Ende klappt es, ich bekomme einen Termin in knapp zwei Wochen. Mit einer derartigen Nachfrage nach Krebsärzten hatte ich nicht gerechnet. Wie groß der Trubel in seiner Praxis, die er mit drei Kollegen zusammen betreibt, wirklich ist, werde ich später erfahren.

Ich sitze viel alleine auf dem Sofa, um Ruhe zu finden, und bin bisher, bis auf den BH-Kauf und notwendige Kühlschrankauffüllungen, kaum außer Haus gegangen.

Heute habe ich im Treppenhaus meinen schwulen Nachbarn getroffen, der sich um meine Balkonpflanzen gekümmert hat. Ohne ihn wären sie nach meiner Woche Abwesenheit alle vertrocknet gewesen. Ich hatte ihm vor meiner Abreise nur schnell den Schlüssel in die Hand gedrückt und gesagt, dass ich sehr spontan eine Woche wegfahren würde.

»Danke, dass du dich um die Blumen und die Post gekümmert hast.« »Immer gerne. Ich hoffe, du hattest ein paar schöne Tage!« »Ja, danke …« Meine Stimme bröselt, und ich wende mich schnell ab, weil mir Tränen in die Augen schießen.

24. Juni 2006

Wie fast alle Männer (seit der Steinzeit) liebt mein alter Weggefährte Nick die archaische Gewohnheit, im Rudel tote Tiere übers Feuer zu halten: das Grillen. Deswegen hat er von seinen Freunden zum runden Geburtstag ein Profigerät bekommen, auf dem man notfalls halbe Wildschweine brutzeln kann. Da auch seine Freundin ein großer Fußballfan ist, hat sich in der Woche meiner Abwesenheit eine besondere Art von WM-Studio etabliert. Motto: Bring your own Würstel/Kotelett plus eine Beilage – dafür geboten werden geheizter Grill, Getränke, zwei Spiele hintereinander auf zwei Fernsehern mit Surround-Sound und in der Pause zwischen den Matches gemeinsames Schmausen. Heute beim vierten Deutschlandspiel soll ich auch dabei sein. Nick hat extra zweimal angerufen, um mich zu überreden. Ich bin mir nicht sicher, ob ich die Normalität vermisse oder sie mich überfordert. Das kann ich nur ausprobieren.

Ich ziehe mir ein knallenges, erst im Frühjahr gekauftes T-Shirt von Zara an, auf dem fast schon visionär mit Glitzersteinchen steht: »AND SO IT IS«. Etwaige Fragen bezüglich einer Amputation erübrigen sich so, einmal Gucken genügt. Eine Freundin holt mich ab, mein Transfer ist netterweise organisiert. Selbst Auto zu fahren traue ich mir nicht zu, dazu schmerzt die rechte Seite noch zu sehr.

Auch meine Stadt flirrt in diesem Juni vor Hitze, und alles, was Räder hat, ist auf dem Weg zu den Badeseen. Nick und seine Freundin sind vor ein paar Jahren umgezogen, in ein Haus auf dem Land, inklusive Seezugang. Sie werden deswegen im Sommer gerne und oft besucht. Die Autos der Badelustigen stauen sich an der Autobahnausfahrt.

Dank der aufgeheizten WM-Stimmung ist mein Auftritt nicht so schwierig, wie ich gedacht hatte. Wegen des starken Verkehrs kommen wir erst kurz vor fünf an, und fast alle Anwesenden hängen schon mit einem Auge am Bildschirm. Ich bin also nicht die »Hauptattraktion«.

Es sind fünfzehn Leute da, die mich alle umarmen wollen, sehr lieb, aber auch unangenehm, weil die rechte Brust, der Bereich drum herum und der rechte Oberarm noch sehr sensibel sind. Und trotzdem: Es ist ein schönes Gefühl, in den Arm genommen zu werden, die Nähe der Freunde auch körperlich zu spüren.

Wir plumpsen auf das Matratzenlager vor den Fernsehern, und dieses Mal heule ich nicht bei den Hymnen. In der Halbzeit gebe ich denjenigen Auskunft, die wissen wollen, wie es mir geht. Manche begnügen sich mit einem vorsichtigen »Schön, dass du wieder da bist«. Auch gut, dann muss ich meine Geschichte nicht x-mal erzählen. Es ist ein bisschen, als käme ich von einer gefährlichen Expedition zurück: »Wie war es da – erzähl doch mal.« Die Gespräche gehen erst mal nicht allzu tief, es ist mir sehr recht, dass es mit Fußball und der nationalen Großfreude noch ein anderes Thema gibt.

Alle kommen mir so unbeschwert, fröhlich, gesund vor. Und ich? Gehöre ich noch zu ihnen? Trotz aller Vertrautheit fühle ich mich fremd. Ich war weit weg im Krebsland und bin erst auf der Rückreise. Trotzdem, am Ende des Abends habe ich so viel gegessen wie seit Langem nicht mehr, mein Appetit ist schon zurück. Und Deutschland hat das Achtelfinale mit 2:0 gegen Schweden gewonnen. Gleich zwei gute Zeichen. Immerhin.

Als ich sehr spät wieder nach Hause komme, bin ich froh, dass ich einen ersten Schritt ins normale Leben gemacht habe.

26. Juni 2006

Meinem Gynäkologen, der mich über zehn Jahre behandelt hat, statte ich einen letzten Besuch ab. Nach seiner eher unsicheren Nicht-Diagnose will ich ihm doch von meiner Tumor-Tournee erzählen. Er tut glatt so, als hätte *er* das Alien erkannt. Das ist mir, nach allem, was ich inzwischen durchgemacht habe, dann zu viel der ärztlichen Selbstherrlichkeit, und ich verabschiede mich ziemlich schnell, auf Nimmerwiedersehen. Jetzt muss ich mir eine neue Frauenärztin suchen, einen Frauenarzt will ich jedenfalls nicht mehr.

30. Juni 2006

Der achtzigste Geburtstag meines Vaters. Seit Monaten ist ein großes Fest für Familie und Freunde geplant. Ihm zuliebe will ich mich nach meinem gelungenen Comeback im Freundeskreis auch der versammelten Verwandtschaft stellen. Warum auch nicht? Die meisten Menschen, bis auf meine jüngeren Cousins und Cousinen, kennen mich seit meiner Geburt. In guten wie in schlechten Tagen – das gilt nicht nur für die meisten Ehepaare in unserer Familie. Die Sippe hält zusammen, das weiß ich.

Es wissen noch gar nicht alle Bescheid über meine Erkrankung, das merke ich, als etliche Onkels sich am Buffet nur danach erkundigen, wie es mir beruflich geht. Das ist die Frage, die »Wie groß bist du denn?«, »In welche Klasse gehst du jetzt?« und »Was macht dein Studium?« seit geraumer Zeit abgelöst hat. Andere Onkels und Tanten nicken mir nur vielsagend zu und fragen lieber nichts. An so einem Festtag will ich zwischen Schweinebraten und Knödeln sowieso nicht Auskunft geben über die unerfreulichen Details einer Krebserkrankung. Mein jüngster Vetter Flo, der bei Tisch neben mir sitzt, sieht mir wohl meinen Zustand auch nicht an, so plaudert er unbefangen. Ich habe die letzten Tage parallel ein bisschen an Gewicht und Zuversicht zugenommen, und meine Haare sind auch noch auf dem Kopf, wo sie hingehören. Mit Glatze wäre das Ganze sicher nicht so einfach. Glücklicher Umstand ist auch, dass es ein Small-Talk-Thema gibt: das Alter. Flo sinniert, wie er wohl an seinem Achzigsten drauf ist und wie er ihn feiern wird, ich plane insgeheim erst mal bis zum Fünfzigsten, dann ist meine »Bewährungszeit« um.

Die älteren Herrschaften bleiben nach dem Essen ewig an der Tafel sitzen. Ich mache mich mit meinem elfjährigen Neffen Ben, der auch unruhig wird, auf die Suche nach dem allgegenwärtigen Public Viewing. Heute findet am Spätnachmittag das

Viertelfinalspiel Deutschland gegen Argentinien statt. Das Mitfiebern und die erfolgreiche Orakelei während der WM lenken mich wenigstens ein bisschen ab. Der Weg ist gar nicht mehr so steinig und schwer, zumindest nicht für die Fußballer. »Mein« Lied dudelt allgegenwärtig in den Sendern.

Ich setze mich mit Bennie in den Biergarten der Wirtschaft, wo ein monströs großer Fernseher unter den Kastanienbäumen aufgestellt ist. Die Deutschen sind gut. Trotzdem steht das Spiel nach neunzig Minuten und der Verlängerung so, wie ich mich fühle – unentschieden. Mittlerweile hat sich der Garten komplett gefüllt: Fußballmuffelige Großtanten, Kleinstkinder, kichernde Girlies, selbst das Küchenpersonal kommt mit hinaus. Keiner will das hochdramatische Elfmeterschießen, das jetzt ansteht, verpassen.

Das Schicksal meint es wieder gut mit den Deutschen und besonders mit Herrn Lehmann im Tor. Auf dem Zettel, den er aus dem Strumpf zieht, stehen dic richtigen Antworten auf die Frage »Sein oder nicht sein?«.

Die Spannung ist auf dem Höhepunkt, Ben linst durch seine Finger, die er vor die Augen gepresst hat, weil er nach einigen Schüssen eigentlich nicht mehr hinschauen kann. Beim alles entscheidenden zweiten Elfmeter, den Lehmann hält, schreit er laut auf, und auch die angejahrte Geburtstagsgesellschaft, die sich nach draußen bewegt hat, jubelt mit.

Tooooor!

Ich reiße im Reflex, wie alle um mich herum, *beide* Arme hoch in die Luft. Es zieht zwar gewaltig in meiner Achselhöhle, aber mein rechter Arm ist oben. Die OP ist genau zwei Wochen her. Im Erinnerungsfotoalbum für meinen Vater wird später ein Beweisfoto der Szene kleben.

4. Juli 2006

An die Praxis des Onkologen, den mir Rike empfohlen hat, ist eine eigene Tagesklinik angegliedert, das Ganze nimmt ein komplettes Stockwerk ein – wer nicht betroffen ist, macht sich keine Vorstellung, wie viele Menschen Krebs haben. Und das ist nur eine Praxis in einer Stadt. Es herrscht Hochbetrieb in den Gängen, am Empfang, in den diversen Wartezimmern. Alles Menschen, die das gleiche Schicksal teilen: Männer und Frauen, Alte, Ältere, aber auch Junge, etliche jünger als ich.

Manche von ihnen sehen krank aus und andere, so wie ich, (noch) nicht. Ich fühle mich in dem ganzen Betrieb ein bisschen wie die Neue, die mitten im Jahr umgezogen ist, am ersten Tag in einer anderen Schule.

»Hallo. Ich habe um 16 Uhr einen Termin bei Professor S.«

»Gut, wie ist denn Ihr Name? Heute ist viel los, es dauert mindestens eine Stunde, bis Sie drankommen. Haben Sie vielleicht noch etwas vor, einkaufen, Kaffee trinken?«

Äh, nein. Wer zum ersten Mal zum Krebsarzt geht, hat eher klare Ziele. Außerdem hasse ich Warten, ich bin von Natur aus ungeduldig. Wohl nicht die günstigste Eigenschaft für einen Patienten.

Erst sehr viel später werde ich kapieren: Diese Praxis verwandelt Zeit. Sie kostet einen viele Stunden, um möglichst viel Zeit zu gewinnen – und hoffentlich ein langes Leben zurückzubekommen. Dafür kann man schon ein bisschen Sitzfleisch investieren.

Im Wartezimmer ist es voll und heiß, kein einziger Stuhl ist frei. Also wandere ich durch den Gang und sehe mich etwas um. In der Tagesklinik steht die Glastür weit offen. Zehn Leute sitzen jeweils auf einer Art Zahnarztstuhl, an Schläuchen verbunden mit verschiedenfarbigen Infusionsbuddeln, die an Ständern hängen. Manche haben furchtbar viele Flaschen.

Beim Monopoly gibt's ein Feld »Gefängnis – nur zu Besuch«, auf dem würde ich jetzt gerne stehen.

Ich lächle und nicke etwas unsicher in den Raum hinein, weil ich nicht nur neugierig glotzen will. Manche hängen im Halbschlaf in ihrem Stuhl, aber ein paar lächeln freundlich zurück, als hätten sie mich erkannt.

Wir sitzen alle im gleichen Boot, das sind meine neuen Krebskollegen.

Als ich dann endlich dran bin, erklärt mir der Onkologe mit ruhiger Stimme noch einmal langsam, zum Mitschreiben die Pathologie meines Ex-Aliens und welches Behandlungsschema ich durchlaufen soll. Mein Berliner Doktor hat mich schon vorgewarnt, dass es umfangreich sein wird, aber dass ich insgesamt zwölf Mal zu einer Chemo antreten soll, ist irgendwie nicht bei mir angekommen. Zuerst werde ich vier Mal im Abstand von drei Wochen das sogenannte FEC-Schema bekommen, bestehend aus drei unaussprechlichen Wirkstoffen, und danach acht Mal wöchentlich Taxol und Herceptin. Wobei der innovative Antikörper Herceptin, gerade neu als Kassenleistung zugelassen, mich insgesamt ein ganzes Jahr begleiten soll. Im dreiwöchentlichen Rhythmus.

Uff. Das volle Programm.

Das kommt davon, wenn man gute Ärzte hat, die auf dem neuesten Stand der Wissenschaft sind. Der ruhige Arzt ist mir auf Anhieb sympathisch, er erklärt verständlich und sehr konzentriert, als würden wir ein Businessprojekt besprechen. Na ja, Krebs *ist* schließlich auch sein Business.

Ich versuche, durch das Fenster hinter ihm in den Himmel zu spähen. Mein Brustkorb fühlt sich seltsam eng an: Für Monate festgenagelt – da will ich wenigstens weit schauen.

Bereits im Frühling habe ich mit Freunden eine Reise nach Irland geplant. Der Flug nach Shannon geht in drei Wochen, und irgendwie habe ich immer noch die Vorstellung, dass ich mitfliegen könnte. Um noch mal rauszukommen, mich zu erholen und was Schönes zu sehen, bevor ich an die Chemokette gelegt werde.

»Lassen Sie sich nebenan in der Tagesklinik für nächste Woche einen Termin geben, wir sollten doch möglichst schnell anfangen.« Shit! Ich traue mich nicht, nach einem Aufschub zu fragen. Mein Ferienflieger verschwindet am Horizont.

Seit Berlin habe ich immer ein kleines Moleskine-Notizbuch dabei. Für Fragen – und Antworten. Es fällt mir nach wie vor schwer, mir unangenehme Tatsachen zu merken.

Haarausfall? *Drei Wochen nach der ersten Chemo.* So schnell!

Übelkeit monatelang? *Dagegen gibt es gute Medikamente.* Wirklich?

Dauer einer Chemosession? *Bis zu vier Stunden!* Was für ein Sitzfleischtraining.

Lymphdrainage? *Ja, lassen Sie sich unbedingt am Empfang ein Rezept geben.* Mach ich.

Über statistische Heilungschancen will ich gar nichts wissen, ich will etwas tun können. So unangenehm es auch sein mag.

Nachdem wir eine Stunde geredet haben, sind wir erst mal fertig. In meinem Kopf schwirren die Informationen wie Insekten um eine einzelne Glühbirne bei Nacht. Von seinem Zimmer aus gehe ich zwei Türen weiter in die Tagesklinik. Es ist schon spät, nur eine sehr vital wirkende Frau mit grauen Wuschellocken sitzt noch auf einem der Behandlungsstühle und schaut von ihrem Buch auf. Eine halb leere Flasche, aus der es sehr langsam tropft, hängt über ihr.

Ich wende mich wegen des Termins an eine der Assistentinnen am Tresen. Tatsächlich ist in der nächsten Woche ein heißer Stuhl für vier Stunden frei, und ich verabschiede mich innerlich endgültig von der grünen Insel. Bye-bye, Ballyvaughn – tschüss, grüne Wiesen, schnell fliegende Wolken und rauer Strand.

Die Assistentin gibt mir ein Medikament mit, das ich am Vorabend jeder Infusion einnehmen soll, ein Blasenschutz. Aha, also wieder Gift im Pipi. Ich frage noch mal nach wegen der berüchtigten Übelkeit, wie lange sie anhalten und was ich dagegen tun kann. Sie schreibt mir genau auf, in welcher Reihenfolge ich an den vier ersten Tagen nach jeder Chemo die vier (!) Medikamente nehmen soll. Als ob die Infusionen nicht schon genug Chemie wären. Normalerweise nehme ich höchstens eine halbe Kopfschmerztablette und auch nur, wenn mir der Schädel richtig dröhnt.

Ich will jetzt sofort weg zum Flughafen. Dann nach irgendwohin.

»Wir werden uns oft sehen, Sie bekommen ja nach der Chemotherapie auch noch Herceptin, wie die Frau Martin hier. Sie kann Ihnen einiges zur Therapie erzählen. Sie ist da, wo Sie in einem Jahr sein werden.« Die Frau hat ihr Buch beiseitegelegt.

Wahrscheinlich sehe ich sehr verunsichert aus. Sie blickt mich fröhlich an: »Das wird schon. Machen Sie sich möglichst wenig Gedanken vorher, die Nebenwirkungen der Chemo sind bei jedem anders. Vielleicht wird es bei Ihnen gar nicht so wild …« So viel Zuversicht darf legal nur eine ebenfalls Betroffene verbreiten. Es tut mir gut, nach dem ganzen theoretischen Szenario einen Menschen zu sehen, der es offensichtlich gut überstanden hat. Wenn die es so gut wegsteckt, kann ich das doch auch. Mutig setze ich mich neben Frau Martin auf einen der freien Stühle – probe sitzen im Horror.

»Die ersten elf Tage nach einer Chemo sind nicht so toll, aber die zehn Tage danach geht's wieder bergauf. Dann kommt schon wieder die nächste, und das Ganze geht von vorne los.« Ich bewundere ihre Haare. Sie sind wunderschön, dichte Salz-und-Pfeffer-Kringellocken. »Die sind neu, mein ganzer Stolz! Vorher hatte ich eher langweilige, dünne Fisselhaare.« »Neuer Style dank Chemotherapie?« »Genau. Wir nehmen alles, was wir kriegen können.« Wir lachen beide. Endlich lässt der Druck auf meiner Brust etwas nach. Es ist ein bisschen so, als wäre ich in einen Verein aufgenommen worden.

An diesem Abend verliert die Nationalmannschaft zum ersten Mal. 2:0 gegen den späteren Weltmeister Italien. Der Weg ist eben doch steinig und schwer. Trotz dieses Orakeldurchhängers habe ich heute etwas Zuversicht gewonnen. Immerhin.

6. Juli 2006

Ich will nicht alles wissen. Besser fühle ich mich mit einem fundierten Halbwissen. Das merke ich unter anderem daran, dass mein Hirn immer wieder auf Durchzug schaltet, wenn es zu viele unerfreuliche Informationen verarbeiten soll. Trotzdem recherchiere ich natürlich ein bisschen im Internet über Alternativtherapien und vor allem über Möglichkeiten zur Behandlung der Nebenwirkungen.

Es gibt unglaublich viele Websites zum Thema Krebsbehandlung, von seriös bis Scharlatan, und allerlei Foren, wo sich Patienten detailliert über unschöne Dinge auslassen, die mir nur wieder das Herz in die Hose rutschen lassen und den Puls in den Ohren rauschen. Misteln, Vitamine, Enzyme, Hyperthermie, elektromagnetische Kraftfelder? Wer soll sich da auskennen? Meine Schulmediziner brauche ich danach nicht zu fragen.

Über drei Ecken ist mir ein Immunologe empfohlen worden, auf den angeblich viele Krebspatienten schwören, er analysiert das durch den Krebs und die Chemotherapie angeschlagene Immunsystem und unterstützt es mit speziellen Medikamentencocktails. Das klingt einleuchtend. Ich habe mir einen Termin in seiner Privatpraxis geben lassen, um mich irgendwie auf die drohende Chemokeule vorzubereiten.

Die Praxis des Immunologen liegt in einer noblen Gegend, offensichtlich in einer eher deutschlandfahnenfreien Zone. Der Arzt ist Dr. med., Mitte fünfzig mit Schweißperlen auf der Stirn. Eifrig notiert er mit, was ich ihm über meine Erkrankung erzähle. Dabei sieht er mich nicht richtig an, außer vielleicht meine nackten Beine. Weil es immer noch sehr heiß ist, habe ich ein kurzes Hemdblusenkleid an. Meine mittlerweile gut trainierte Menschenkenntnis bei Ärzten meldet ihn mir als gründlich unsympathisch. Aber egal, ich will sehen, ob seine Methoden nicht auch mir helfen können.

Er erzählt mir, dass die Behandlung, die er selbstverständlich privat liquidiere, nicht billig sei, aber große Erfolge bei Krebspatienten erziele.

Immunmonitoring, Immunmodulation und -substitution, ich verstehe nur Bahnhof. Aber das kenne ich ja. Nach dem Gespräch bittet er mich in einen Nebenraum, wo mir eine Arzthelferin für einen umfangreichen Immunstatus Blut abzapfen soll, um den aktuellen Zustand meines Immunsystems festzustellen. Ich sitze auf einer Liege, als der Arzt plötzlich hinter den Paravent tritt, ohne Vorwarnung in den Ausschnitt meines Kleides greift, an meine linke Brust fassen will und meint: »Wie ist denn die Wunde verheilt?« Ich zucke zurück und bringe nur heraus: »Es ist die rechte Seite.«

Dann soll ich mich vor dem Ekelpaket auch noch ausziehen und ihm die Narben zeigen. Die letzten Wochen im Patientenmodus haben mich bereits darauf getrimmt, einem Arzt automatisch zu gehorchen, obwohl ich lieber sofort die Praxis verlassen hätte. Ich bekomme ein Aufbaupräparat gespritzt, und das war's. Ich bin froh, als ich wieder auf der Straße stehe.

Im Verlag bin ich jetzt seit fast einem Monat nicht mehr gewesen. Nach dem Arzttermin treffe ich mich mit zwei meiner drei Chefs zum Mittagessen, und dieser »Businesslunch« im schattigen Biergarten einer Wirtschaft verläuft erfreulicher. Wir besprechen die nächsten Monate, wobei ich immer noch nicht weiß, was genau sie bringen werden außer monatelanger Chemo- und Strahlentherapie. Vorerst will ich nicht regelmäßig arbeiten müssen, ich habe einen neuen, lebenswichtigen Job: gesund werden. Eine Freundin, die Freelancerin ist, hat inzwischen meine Vertretung übernommen, es läuft alles rund im Verlag. Das ist gut.

Das Wiedersehen tut gut – wieder ein kleines Stückchen Alltag. Nur die anscheinend unvermeidlichen forschenden Blicke – »Sieht man was?« – finde ich nach wie vor gewöhnungsbedürftig. Besonders, wenn sie auf Brusthöhe schweifen. Das passiert fast immer. Wenn ich gut drauf bin und nicht gerade meinen Arbeitgeber vor mir habe, rutscht mir schon mal raus: »Ist noch alles dran!« Das entspannt die Situation dann meistens.

Ich fühle mich zwar ein bisschen stärker und traue mich wieder ins normale Leben, aber ich empfinde mich doch als Außenstehende: die ohne und die mit Krebs. Das Erlebnis in der Tagesklinik hat mir gezeigt, zu welcher Gruppe ich momentan gehöre. So wichtig mir meine Arbeit mit dem ganzen Drumherum vorher gewesen ist, jetzt will ich meine Kräfte konzentrieren. Sollte ich genug Energie haben, wolle ich auf jeden Fall mitarbeiten, verspreche ich. Stundenweise oder per Computer von zu Hause aus. Die Herren Chefs sind sehr lieb, kooperativ, mit allem einverstanden – wie gut!

Am liebsten würde ich diesen Moment unter den Kastanien festhalten. Aber die Glocke der Kirche nebenan schlägt ungnädig zwei Mal, und die beiden Männer müssen zurück an ihre Schreibtische.

Ich versuche mir kurz vorzustellen, wie es wohl wäre, in genau einer Woche wieder in diesem Biergarten zu sitzen. Geht nicht. Denn davor liegt, wie von einem riesigen schwarzen Vorhang verhüllt, die erste Chemo.

9. Juli 2006

Finale – der letzte Tag der Fußball-WM. Finale – der letzte Tag ohne Chemo. Deutschland immer noch im Freudentaumel, trotz des »nur« dritten Platzes – aber hey, Vizevizeweltmeister, das ist doch was! Ein neuer nationaler Optimismus regt sich, nur mein Arsch geht auf Grundeis.

Inzwischen ist meine Freundin Betty aus Stockholm zu Besuch gekommen. Während unseres Studiums haben wir zusammen in einer WG gelebt, und wir kennen uns so intim, wie das nur Menschen tun, deren Zahnbürsten längere Zeit in einem Becher standen, die mal einen gemeinsamen Kühlschrank besaßen und die sich über die wichtigen zweiten und dritten Lebensjahrzehnte nie aus den Augen verloren haben. Betty bleibt ein paar Tage, sie muss in der Heimat Behörden- und Bankangelegenheiten regeln. Wir haben schon lange vor meiner Diagnose ausgemacht, dass sie während dieser Zeit bei mir wohnt.

Es ist ein bisschen wie früher, als sie in mein Gästezimmer einzieht, nur dass wir keine kajalumflorten, ketterauchenden, andauernd unglücklich verliebten Nachtbrummseln mehr sind, sondern sie inzwischen einen Ehemann und zwei Söhne hat und ich Krebs. Okay, Karriere habe ich auch gemacht. Mir tut es gut, mit ihr zu sprechen über meine Angst vor der Krankheit und den Auswirkungen der Chemotherapie, den kahlen Schädel, die drohende Unweiblichkeit.

Wir liegen zwischen jeder Menge Kissen Kopf an Fuß in meinem Bett und reden. So haben wir damals, in einem anderen Leben, unsere chronischen Liebesirrungen und -wirrungen immer besprochen oder uns gegenseitig Robert Gernhardt vorgelesen, bis wir uns vor Lachen fast in die Hose gemacht haben.

Es ist tröstlich, sich an schöne Zeiten zu erinnern.

Am liebsten würde ich gar nicht aufstehen. Im Laufe des Vormittags entwickle ich, rein prophylaktisch, alle möglichen Symptome, von denen ich im Zusammenhang mit Chemotherapien gehört habe: Mir ist schlecht, mir tut der Magen weh, ich habe Durchfall (also doch aufstehen!), Schweißausbrüche und Kopfschmerzen. Und ich bin schlapp. Betty versucht mir Mut zu machen und rät mir, mich nicht zu sehr reinzusteigern, erst mal abzuwarten, was wirklich passiert. Genervt motze ich sie an: »Jahaaa, ich weiß es!« Sie nimmt mir meine Aggression nicht krumm. Alles leichter gesagt als getan, das muss sie zugeben.

Mitten in unserem Pillow Talk ruft mein Friseur Petros an, der als freiberuflicher Stylist arbeitet. Er ist gerade von einer längeren Fotoproduktion zurückgekommen. Nach meinem Onko-Besuch habe ich ihn per SMS um einen Termin gebeten, um mir möglichst bald meine langen Haare abschneiden zu lassen. Bevor sie mir dann wegen der Chemo büschelweise ausfallen, was ich ihm aber erst persönlich sagen will. Ausgerechnet an diesem Nachmittag hat er dafür Zeit.

Finale – der letzte Tag der »Mattenkönigin«. Wir steigen also doch aus dem Bett, Betty begleitet mich zu Petros. Sie hat sich in den Achtzigern die Haare ratzekurz abrasiert und ist ein ausgesprochener Fan von burschikosen Frauenköpfen. Ich nicht. Okay, zugegeben, Jean Seberg in *Außer Atem* sah toll aus.

Als Erstes muss ich Petros erzählen, was mit mir passiert ist, wir haben uns seit Wochen nicht gesehen. Ich schaue in sein ungläubiges Gesicht, und plötzlich muss ich weinen. An den verdammten Haaren hängt auch mein altes Leben.

»Nicht weinen, Babylein. Ich mach dir jetzt erst mal eine neue Frisur. Viel besser als die jetzige, du wirst sehen … Und wenn du eine Perücke willst, verpasse ich der auch einen modernen Schnitt.« Aber falsche Haare will ich nicht, dann lieber Tücher oder Mützen. Mit der Aussicht auf eine baldige Glatze ist ein spontaner Kurzhaarschnitt ein Sonntagsspaziergang, und heute ist zufällig Sonntag. Außerdem kann ich das notwendige Mutigsein gleich mal üben.

Petros gibt sein Bestes, wahrscheinlich ist es eine Sternstunde für ihn, endlich so schneiden zu dürfen, wie *er* will. Er hebt eine der langen Strähnen auf, die über den Schulterumhang zu Boden rutschen, und gibt sie mir, »hier, als Farbmuster, falls du vielleicht später doch noch eine Perücke möchtest – nicht nach unten gucken, das Kinn hoch …«. Ich halte den Kopf gerade und schließe die Augen. Nach einer Dreiviertelstunde schaut mich ein unbekanntes Spiegelbild erstaunt an. Betty ist begeistert, ich bin baff. Die kinnkurzen Haare und der fransige Pony lassen mich eindeutig jünger und frischer aussehen, trotz meines desolaten Zustands. Leider wird die Frisur nicht lange halten, aber bis dahin … bin ich jetzt äußerlich eine ganz andere. Das fühlt sich richtig an.

Mit dem Gefühl, etwas aktiv für meine Psyche getan zu haben, mich *selbst* ein wenig neu zusammengesetzt zu haben, verlasse ich Petros' Wohnung.

Am Nachmittag besuche ich zusammen mit Betty meine Eltern, die wegen der anstehenden Chemo sehr beunruhigt sind. Aber meine tapfere Mutter bestärkt mich: »Wenn ich das konnte, schaffst du das allemal. Du bist doch viel jünger.« Da hat sie recht. Ich erinnere mich an ihre Chemozeit, die nicht einfach war. Sie hat damals ihre Haare allerdings nicht verloren – und auch nicht ihre Zuversicht.

Wir sitzen im Garten bei Kaffee und Kuchen mit freundlichen Wespen, die ausnahmsweise warten, was an Krümeln übrig bleibt. Ein Stück Idylle, meine Mutter bewundert meinen neuen Haarschnitt, und Betty erzählt Schwänke aus ihrem Leben in Schweden. Ich lache so viel wie seit Wochen nicht mehr – solange ich noch was zu lachen habe. Wahrscheinlich deshalb. Eigentlich ein perfekter Sonntag, wenn es da nicht den Montag geben würde. Trotzdem habe ich das Gefühl, dass ich mich etwas gefangen habe, die Frisur-Action hat mich aufgebaut. Gut, dass Petros angerufen hat. Sich im Bett zu verkriechen wäre weniger hilfreich gewesen.

Wir machen aus, dass Betty mich auf dem Weg zum Flughafen in die Tagesklinik begleiten und meine Mutter mich mit dem Auto wieder abholen wird, damit ich nach der Infusion nicht alleine zu Hause bin.

Spätabends werden die Italiener dann mühsam Weltmeister. Ich lümmle mit Betty vor dem Fernseher. Nach dem ewig langen Elfmeterschießen bin ich hundemüde, nicht nur wegen der Uhrzeit, sondern auch aufgrund der Anspannung des Countdowns. Betty gähnt solidarisch. Ich nehme die für den Vorabend verordnete Blasenschutztablette und falle ins Bett. Es gelingt mir nicht, mir auszumalen, wie ich mich am nächsten Abend wohl fühlen werde. Aber dafür schlafe ich erstaunlicherweise schnell ein.

10. Juli 2006, der Tag X oder besser C

Der Vormittag zieht wie im Nebel vorbei, ich bin mit dickem Kopf und verspanntem Nacken aufgewacht. Beim letzten Frühstück mit Betty bekomme ich fast nichts runter außer den Tabletten gegen Übelkeit, passenderweise. Mir ist flau im Magen, und der ganze Körper ist in höchster Alarmbereitschaft, fühlt sich an wie unter Strom.

In meiner Nachbarschaft liegt ein uralter Parkfriedhof, wo seit dem letzten Krieg keine Beerdigungen mehr stattfinden. Dort gehe ich normalerweise zum Joggen hin, die Toten stört es sicher nicht, und ich hatte schon immer ein Faible fürs Morbide. Außerdem kann man allerlei VIPs des 19. Jahrhunderts dort entdecken, Maler, Architekten, Hofschauspieler, Ärzte. Sie liegen unter alten Bäumen, teils sind die Gräber von Efeu überwuchert und die Grabsteine schon sehr schief. Für mich ist es ein pittoresker, friedlicher Ort, nix mit *Memento mori*.

Irgendwie zieht es mich, bevor ich in die Tagesklinik aufbrechen muss, alleine auf diesen Friedhof. Er ist ruhig und menschenleer, eine Oase mitten in der Stadt. Dass dieser Ort mit dem Tod verbunden ist, stört mich überhaupt nicht. Ich befinde mich sowieso im Dauerausnahmezustand, und im Gegensatz zu früher denke ich über meinen Tod und die Vergänglichkeit nach. Am Schluss komme ich zu dem Ergebnis, dass ich meine Zeit, egal wie viele Jahre ich noch habe, besser nutzen sollte. Ich hadere nicht mit meinem Schicksal. Um mich herum liegen viele Menschen, die sehr jung, schon mit zwanzig oder dreißig, gestorben sind (und möglicherweise, weil es für sie noch keine Chemotherapien gab!). Sie hatten ihr Leben, und ich habe meines. Und das will ich behalten.

Auf dem Grab einer reichen Bürgersfamilie steht ein lebensgroßer bronzener Jugendstilengel mit beeindruckend großen Schwingen. Er hat die Augen geschlossen und trägt in einer Hand eine Öllampe. Etwas sehr Tröstliches geht von ihm aus, das ist mir immer schon im Vorbeilaufen aufgefallen. Beten geht noch nicht, obwohl ich es gerade heute gerne könnte. Stattdessen stelle ich dem Engel eine Rose, die ich in der Friedhofsgärtnerei gekauft habe, in einer alten Bierflasche aus einem der Papierkörbe, zu Füßen. Ich adoptiere einen persönlichen Schutzengel. Ich kann jede Hilfe gebrauchen.

Nachmittags begleiten mich Betty und ihr Koffer in die Tagesklinik. Wir fahren mit der U-Bahn, ich wahrscheinlich vorerst ein letztes Mal, als Chemopatient soll man sich keinen großen Menschenmengen mit all den Ansteckungsgefahren aussetzen. Dabei habe ich einen Korb mit diversen leicht verdaulichen Blättchen wie *Bunte*, *Instyle* und *Vogue* (anspruchsvollere Literatur will ich meinem gestressten Geist nicht zumuten – genauso wie bei anstrengenden Langstreckenflügen), einer Flasche Apfelschorle und einem großen Badetuch. Diesen Tipp hat mir Frau Martin noch gegeben, ohne das Tuch schwitzt man bei der Hitze auf den Behandlungsstühlen fürchterlich und klebt schier fest. Eigentlich sehe ich mit meinen

Utensilien aus wie eine Frau, die ins Freibad will. Aber nur eigentlich.

Während des kurzen Fußmarsches von der U-Bahn-Station zur Klinik komme ich mir vor wie auf dem Weg zum Schafott. Als wir in die Straße einbiegen, in der die Praxis liegt, überfällt mich Panik. Und ich beneide jeden Passanten, der an diesem Nachmittag seine alltäglichen Dinge erledigen darf. Während ich den Kopf in den Nacken lege, um vor der Tür noch einige Tropfen Rescue-Bachblüten zu schlucken, blinzle ich verzweifelt in die Sonne. Dann summt der Türöffner, und ich muss eintreten.

In der Tagesklinik im vierten Stock angekommen, grüße ich nervös in die Stuhlrunde. Ein Platz am Rand ist frei.

»Hallo, Frau Decker, der leere Stuhl da, das ist Ihrer«, meint eine der Chemoassistentinnen freundlich. Ich breite mein Handtuch aus und setze mich. Hilfe suchend schaue ich zu Betty, die sich wie ein Adjutant beim Duell neben mich stellt. Ich nehme ihre Hand. Sie ist genauso kalt wie meine.

Eine der Assistentinnen kommt mit einer Flasche und einem Rollwägelchen. Die Flasche, auf der NaCl steht, hängt sie an den Ständer neben mir und erklärt mir noch mal Schritt für Schritt, wie die Chemo ablaufen wird: zum Eingewöhnen erst mal eine Nadel legen, Blut abnehmen, die Werte messen, dann spülen mit Natriumchlorid, der harmlosen Kochsalzlösung, die schon über mir hängt.

»Ich habe heute aber eigentlich gar keine Lust auf eine Chemo«, versuche ich's mit Galgenhumor. Die Assistentin lächelt fast entschuldigend: »Ich verstehe Sie.«

Dann wird es ernst: FEC-Schema.

Fluorouracil, Epirubicin, Cyclophosphamid, die Namen habe ich in meinem Behandlungskalender notiert, ich kann sie mir einfach nicht merken. Was aber die einzelnen Zytostatika genau bewirken – das muss nur der Onkologe wissen. Mein Infusionsständer sieht jetzt ziemlich behängt aus. Die F-Flasche wird angestochen, die Salzlösung abgeklemmt. Kurz komme ich in Versuchung, die Nadel aus dem Arm zu reißen und einfach raus, auf den belebten Platz zu laufen. Der Chemo im letzten Moment zu entrinnen. Und dem Krebs dann *nicht?*

Ich blicke in die Runde, die anderen sitzen alle ruhig hier. Meine Nachbarin schaut zu mir herüber und meint: »Na, erstes Mal?« Sie sieht mir meine Angst an. Mehr als »Ja, leider« bringe ich nicht mehr hervor. Warum wirken denn die mistigen Bachblüten heute nicht? Ich tröpfle einarmig noch eine weitere Dosis auf die Zunge.

Dann konzentriere ich mich auf Betty, die jetzt auf einem Hocker neben mir sitzt. Sie versucht mich mit allerlei Geschichten abzulenken. Plötzlich hält sie inne und meint, sie sei sehr stolz auf mich. Das rührt mich. Ich bin gar nicht stolz auf mich. Ich fühle mich nur schwach und schaue apathisch auf das grellorange »E«, das mittlerweile in meinen Körper läuft. Trotz der Hitze, die hier im vierten Stock unter dem Dach herrscht, habe ich Gänsehaut. Das Epirubicin sieht aggressiv fies aus, wie es durch den dünnen Schlauch, der auf meiner weißen Jeans liegt, fließt. Aggressiv ist eigentlich gut, versuche ich mich zu trösten. Gut gegen eventuelle Krebszellen. Also – gib ihm.

»Tolle Frisur, ich hätte Sie fast nicht erkannt«, ein Kompliment vom Onkologen. Auf seiner Besuchsrunde durch den Raum macht er vor meinem Stuhl halt: »Alles in Ordnung bei Ihnen?« »Ja, schon. Aber ich hatte schon entschieden amüsantere Nachmittage.« Er grinst. Die Flapsigkeit hilft mir, mich nicht ganz runterziehen zu lassen.

Betty muss los. Die Startzeit ihrer Maschine nach Stockholm erlaubt ihr nicht, alle meine Flaschen mit abzusitzen. Sie umarmt mich und meine Schläuche, ich bedanke mich für ihren freundschaftlichen Beistand in größter Not. Sie winkt mir durch die Glastür noch mal zu, dann ist sie weg.

Ich fühle mich elend, Tränen der Hilflosigkeit steigen mir in die Augen. (Jetzt nicht gehen lassen, schön die Schleusen geschlossen halten. Das schaffst du!!) Gerade als ich nach einer meiner Notnagel-Illustrierten greifen will, steht auf einmal meine Mutter vor mir. Sie ist etwas früher gekommen:

»Na, einzige Tochter, soll ich uns ein Eis holen?« Ganz in der Nähe liegt ein legendär gutes italienisches Eiscafé. Ich frage kurz meinen Magen, und: Der hat tatsächlich Lust auf »Pink Grapefruit und Mandel, bitte«. Eis klingt wunderbar vertraut nach Kindheit und Sommer. Außerdem sitze ich trotz anfänglicher Gänsehaut inzwischen total verschwitzt auf meinem Handtuch.

Während meine Mutter unterwegs ist, merke ich plötzlich, dass sich etwas verändert. Ein seltsamer Druck liegt auf meinem Körper, meinem Kopf. Ich fühle mich total bedröhnt, so ein Mittelding zwischen zu viel Mojito und einer Überdosis MediNait. Es wirkt also, das Zeug, und brummt durch mich durch.

Ich soll viel trinken, damit die Medikamente, nachdem sie mithilfe des Blutkreislaufs ihren Job gemacht haben, schnell wieder über die Blase ausgespült werden: eine Runde im Körper und wieder raus. Dazu muss man den elektronisch überwachten Tropf-o-maten ausstecken, der dann mit einem Akku läuft, und umständlich den ganzen Rollständer mit aufs Klo nehmen.

Ich muss dringend – Zellgifte loswerden. Meine Beine sind wahnsinnig schwer, ganz langsam schiebe ich meine Flaschenkollektion durch den Gang. Ein Vorgeschmack auf ein Seniorendasein mit Rollator – falls ich so alt werden sollte. Bloß nicht an der Nadel im Arm irgendwo hängen bleiben. Das hat mir die Chemoassistentin eingeschärft, die Zytostatika dürfen auf keinen Fall direkt ins Gewebe laufen, weil sie dort Schäden verursachen können.

Der Toilettengang mit »Begleitung« dauert sicher zehn Minuten, aber danach ist mir wohler. Ein paar Gifte schon mal in der Kanalisation entsorgt. Ob das besonders umweltverträglich ist? Ich fühle mich zu schlapp, um mir weiter Gedanken über diese Frage zu machen. Ich bin froh, als ich wieder auf meinem Folterstuhl sitzen kann. Meine Mutter ist zurück und schleckt bereits an beiden Eistüten gleichzeitig, so warm ist es in dem Raum.

Nach vier Stunden ist die letzte Flasche durch mich durchgelaufen. Ich werde abgenadelt, mit Anti-Kotztabletten, u. a. Cortisonpillen, für die nächsten drei Tage ausgestattet. Und mit einem neuen Termin. Ich darf gehen. Und ich kann gehen. Wenn auch auf Bleibeinen. Irgendwie hatte ich nach dem Toilettengang befürchtet, dass man mich am Ende raustragen muss.

Übel ist mir nicht, trotz Gift im Blut und Eis im Bauch. Mein ganzer Körper ist nur unheimlich müde und sehr bedröhnt. Meine Mutter lädt mich ins Auto ein. Ich habe beschlossen, die erste Nacht nach der Chemo bei meinen Eltern zu verbringen. Ich will nicht allein zu Hause sein, ohne zu wissen, was mit mir passiert. Auf einmal bin ich wieder ein krankes Kind, gepflegt von den Eltern, das dankbar für Geborgenheit und Liebe ist. Von meinem coolen, unabhängigen Singleleben bin ich weit entfernt.

Als wir im Haus meiner Eltern ankommen, habe ich erstaunlicherweise Riesenappetit. Essen statt kotzen? Die im Schock verlorenen fünf Kilo wollen wieder angefressen werden.

Muttern will mir gleich etwas kochen. Ich habe irgendwo gelesen, dass man nach einer Chemo nie seine Lieblingsgerichte essen sollte, falls man sich nach der Mahlzeit erbrechen muss. Womöglich entwickelt man dann eine dauerhafte Abneigung gegen sie. Wäre doch schade. Ich darf mir trotzdem wie alle kranken Kinder etwas wünschen, und ich will was Leckeres zur Belohnung. Also einigen wir uns auf Speckpfannkuchen, ein Familienklassiker, den ich eigentlich nur esse, wenn ich mal zu Hause bei meinen Eltern bin. Sollten sie wegfallen, wäre es kein Riesenverlust. Während meine Mutter in der Küche brutzelt, sitze ich mit meinem Vater im Garten, dort, wo wir 26 Stunden zuvor mit Betty Kaffee getrunken haben. Ich erzähle ihm, wie sich so eine Chemo anfühlt, und er erklärt mir im Gegenzug, detailverliebt wie immer, die medizinischen Vorgänge. Vor seiner Angst rettet er sich in sein Wissen, er tröstet mich: »Die Chemo macht man eigentlich nur prophylaktisch, ziemlich sicher ist gar keine entartete Zelle durchgekommen, da die Lymphknoten hinter dem Wächterknoten alle frei waren. Du hast keinen Krebs mehr, das musst du dir immer sagen.« Und ich höre auf den Tierpathologen meines Vertrauens.

Nach dem Essen will ich nur noch ins Bett. Ich fühle mich wie ein Sack Steine, in meinem Körper rumort es wie in einer Montagehalle. Hochbetrieb in allen Blutbahnen.

Versorgt mit einer Flasche Wasser und einem Kotzeimerchen (wie früher auf unseren Urlaubsfahrten mit dem Kadett über die Alpen) liege ich in meinem Jugendbett und dämmere ganz langsam weg.

Gute Nacht, böser Tag!

Da ich literweise getrunken habe, um die Giftstoffe auszuspülen, werde ich mitten in der Nacht wach. Mein Körper summt immer noch, und mir ist unendlich heiß, mein Kopf glüht. Mein Nachthemd ist komplett durchgeschwitzt. Ich stehe auf und gehe ins Bad, wo ich sicherheitshalber ein T-Shirt zum Wechseln deponiert habe. Im Spiegel über dem Waschbecken erscheint mein Gesicht, sehr rot und sehr rund. Oh nein, wie sehe ich denn aus? Ich erschrecke über den seltsamen Anblick, den ich wohl einer einzigen Cortisontablette zu verdanken habe.

Zu zittrig, um mich weiter aufzuregen, tappe ich schnellstmöglich zurück ins Bett. In dieser Nacht wache ich noch etliche Male auf, gegen Morgen wird der Schlaf endlich tiefer. Nach dem Aufstehen ähnelt mein Gesicht etwas weniger einem Luftballon. Glück gehabt. Am Nachmittag fahre ich zurück in meine Wohnung.

12. Juli 2006

Als wir uns gerade etwas erholt haben, müssen meine verbeulte Physis und ich einen spontanen Ausflug in ein nahe gelegenes Krankenhaus unternehmen. Ich habe urplötzlich starke Schmerzen im linken Arm, durch den die Infusionen gelaufen sind. Ich bin inzwischen schnell in Panik zu versetzen – Nerven wie Spinnweben.

Der Arzt, auf den ich in der Notaufnahme eine Stunde gewartet habe, diagnostiziert trocken: »Venenentzündung. Da kann man nicht viel machen. Das geht vorbei. Aber Sie sollten überlegen, ob Sie sich nicht einen permanenten Venenkatheter legen lassen, da Sie ja noch etliche Infusionen vor sich haben.«

Der Onkologe hatte diese Möglichkeit auch erwähnt, aber ich habe NULL Lust, mir bei einer weiteren OP ein Plastikdöschen nahe dem Schlüsselbein unter die Haut schieben zu lassen. Ich muss doch nicht jeden Scheiß mitmachen, oder? Mein schmerzender Arm ist da anderer Meinung. Ich überlege. Keine strapazierte Vene mehr, außerdem könnte ich mich während der vier Chemostunden ungehinderter bewegen. Es wäre einfacher, etwas zum Lesen zu halten oder mit dem Tropf-o-maten aufs Klo zu kommen, ohne ausgestreckten Arm und die Angst, dass mit der Infusionsnadel irgendetwas – im wahrsten Sinne des Wortes – schiefläuft.

Ich gebe also dem Arm recht und mache innerlich seufzend gleich vor Ort rechtzeitig vor der zweiten Chemo einen OP-Termin aus. Der Arzt meint, ich müsse nach dem kleinen Eingriff nicht über Nacht bleiben, nur einige Stunden in einer Art Tagesklinik verbringen.

»Oh Mann, schon wieder ins Krankenhaus!«

Die Hoffnung auf Unterstützung und die Riesenangst vor der langen Chemotherapie treiben mich gegen meine Überzeugung noch ein zweites Mal zu dem zweifelhaften Immunologen. Wieder gibt's ein Gespräch und eine Infusion. Eine leere Schachtel mit dem Namen und den Inhaltsstoffen des Medikaments kann ich mitnehmen. Danach habe ich aber trotzdem ein so ungutes Gefühl, dass ich endlich meinen Vater um Rat frage, was ich bewusst vermieden hatte, weil ich weiß, dass er als Wissenschaftler, der früher an der Uni gelehrt hat, alternative Heilmethoden ablehnt.

Und genauso ist es: Mein Schulmediziner-Papa, bei dem ich in den letzten 44 Jahren immer mal wieder in Behandlung gewesen bin, egal ob aufgeschlagenes Knie oder undefinierbarer Hautausschlag, versichert mir nach einem Blick auf die mitgebrachte Packung, dass das Medikament keinerlei Auswirkung auf meinen Gesundheitszustand habe, nur auf den Geldbeutel des Doktors. Drei Wochen später kommt eine Rechnung über 1015 Euro, die ich zähneknirschend bezahlen muss. Der sieht mich nie wieder.

16. Juli 2006

Die Zeit vergeht langsam und einigermaßen ruhig. Am Tag eins nach der Chemo bin ich wieder in meine eigene Wohnung in der Stadt zurückgekehrt. Ich will keinen Ausnahmezustand, ich will mein Leben so normal wie möglich weiterleben. So *normal* das nach einer Krebsdiagnose geht.

Nach dem »Feuersturm« der ersten Nacht bleiben die Nebenwirkungen erträglich: Allmählich stehen Körper und Psyche wieder auf Normalbetrieb. Ich habe weder Durchfall noch Übelkeit, nur im Darm rumort es etwas, und die Glieder bleiben eine Weile schwer. Meine neue Frisur ist noch da, aber ab jetzt läuft wohl der Countdown in den Haarwurzeln.

Eigentlich geht es mir ganz gut, finde ich.

Meine eingebildeten Beschwerden vorher und die Angst vor dem Unbekannten sind schlimmer gewesen als die jetzige Beeinträchtigung. Auf eigenartige Weise fühle ich mich sogar ein bisschen stark – ich habe es ausgehalten. Für die erste Chemo-Sitzung kann ich mir eine Kerbe in den Coltgriff schnitzen: peng! High Noon für abartige Zellen.

Betty ruft aus Stockholm an und erzählt, dass sie während des ganzen Flugs an mich gedacht hat. Sie will genau wissen, wie es mir weiterhin ergangen ist. Im Laufe der letzten Tage haben sich einige Freunde und Kollegen bei mir gemeldet, alle sind erleichtert, dass ich wieder optimistischer klinge.

Meine Eltern erkundigen sich seit der Rückkehr aus Berlin jeden Morgen und jeden Abend telefonisch, wie es mir geht. Vor gut einem Monat noch wäre das undenkbar gewesen, jetzt aber empfinde ich es als ein liebevolles Ritual, das mir Rückhalt gibt. Ich fühle mich nicht alleingelassen. Viele Menschen wollen etwas für mich tun. Zeichen der Anteilnahme, die sehr wichtig für mich sind. Ich bin dankbar für ihre Zuneigung, sie geben mir das Gefühl, aus dem Lebenskarussell nicht rausgeflogen zu sein. Trotz Krankheit.

Also verteile ich Aufgaben und auch ein paar Besuchstermine, lasse mich gerne bekochen und versuche überhaupt jeden Tag etwas Schönes zu tun. Langsam strecke ich meine Fühler wieder aus.

Während alle anderen arbeiten müssen, gehe ich spazieren, »auslüften« für ein bis zwei Stunden. Nur für »richtigen« Sport fehlt mir die Energie. Bei meinen Promenaden fällt mir auf, wie viele Leute Zeit haben, untertags in Cafés zu sitzen. Die letzten achtzehn Jahre habe ich ganztags gearbeitet. Und wenn ich Urlaub hatte, bin ich meistens gleich weggefahren. Dieser gemächliche Lebensrhythmus ist mir neu, und zuerst fühle ich mich ein bisschen nutzlos, besinne mich aber ganz schnell auf meine neue Aufgabe, gesund zu werden. Das ist doch eine Vollzeitbeschäftigung. Und lebenswichtig! Welcher andere Job kann das schon von sich behaupten?

17. Juli 2006

In meinem Viertel habe ich eine ganzheitliche Massagepraxis gefunden. Seit fast zwei Wochen bin ich dort in Behandlung. Ich habe Riesenschiss vor der Möglichkeit, dass sich bei mir ein Lymphödem, eine chronische Dauerschwellung, in meinem rechten Arm bilden könnte, weil der Lymphabfluss behindert ist. Das ist eine »Nebenwirkung«, die bei Frauen mit einer Brustkrebsoperation plus Lymphknotenentfernung eintreten kann. Anders als das, was ich mir unter dem Wort *Drainage* vorgestellt habe, handelt es sich um eine sehr sanfte manuelle Technik, fast schon ein Streicheln. Mein Arm und die ramponierte rechte Seite werden »ausgestrichen«. Wunderbar. Ich freue mich jedes Mal auf meine sensible Therapeutin Martina, die meinen Zustand erkannt hat und mich ab und zu mit einer Portion Shiatsu, einer energetischen, chinesischen Fingerdruckmassage, zusätzlich verwöhnt.

Bei ihr komme ich einigermaßen zur Ruhe, hier wird mein Körper wohltuend berührt, nicht mehr untersucht, gestochen, geschnitten, durchleuchtet oder abgehorcht, immer auf der Suche nach etwas Bösem. Bei den Massagen bemerke ich, wie sehr ich meine Gefühle mittlerweile weggeschlossen hatte. Ich wollte – ich musste stark sein. Tief drinnen, geschützt von einer fatalistischen Außenschale, hatte sich die Seele versteckt. Bei meinem dritten Termin aber heule ich die vollen 25 Minuten durch. Martina macht einfach weiter, bis ich mich beruhigt habe. Keine Ahnung, wie viele Gifte dabei biochemisch ausgespült worden sind, ich spüre nur, dass es vielmehr eine Seelen- als Körpermassage war.

Mit Stella habe ich ausgemacht, dass wir erst dann wieder Kontakt aufnehmen, wenn wir *beide* die erste Chemo hinter uns gebracht haben. Wir wollen uns nicht gegenseitig belasten. Außerdem bin ich die letzten zwei Wochen zu sehr mit mir beschäftigt gewesen, um mir viele Gedanken um andere zu machen. Krebs lässt einen anscheinend auch zum Ego-Schwein werden. Oder ist das der berühmte *gesunde* Egoismus?

Jetzt, wo sich meine Wolken etwas lichten, rufe ich Stella an, und meine erste Frage ist unverdächtig, eine Floskel zu sein: »Wie geht es dir?«

Ich weiß, dass Stella ihre Behandlung acht Tage vor mir begonnen hat, weil sie mit ihrem Onkologentermin fixer gewesen ist als ich. Ihre Stimme am Telefon klingt angestrengt, aus Berlin habe ich sie anders in Erinnerung.

»War doch vorher schlimmer als hinterher. Bei dir auch?«, lege ich los. »Ich bin als ein einziges Panikbündel angetreten, und 24 Stunden später war ich eigentlich wieder ganz gut beieinander. Ist doch toll, dass es so gute Medikamente gegen die Nebenwirkungen gibt.« Es gibt eine längere Pause am anderen Ende der Leitung, dann:

»Bei mir war's fürchterlich. Ich konnte drei Tage nur auf allen vieren die Treppe in unserem Häuschen raufkriechen. Und kotzen musste ich wie ein Reiher. Ich will dieses ganze Gift einfach nicht. Ich habe mich innerlich total gegen die Infusionen gesperrt.«

Ich hatte nicht erwartet, dass es ihr so viel schlechter ergangen sein könnte als mir. Zumindest im Akzeptieren der Therapien bin ich wohl etwas härter gesotten als sie. Das liegt vielleicht an meiner Erziehung, neben dem General gibt es ja auch einen Wissenschaftler in der Familie – mein Vater hat mir mein Leben lang den Nutzen der Forschung eingetrichtert. Und es hilft nun mal, fest von etwas überzeugt zu sein. Stella dagegen wirkt ziemlich niedergeschlagen und hat einen Riesenhorror vor dem nächsten Termin. Das kann ich verstehen und versuche sie aufzumuntern, so gut es geht:

»Schau, bei mir lief es doch ganz okay. Du darfst dir nicht nur negative Dinge vorstellen. Außerdem ist die ganze Chemo eigentlich eine Sicherheitsmaßnahme. In deinem Körper sind wahrscheinlich gar keine Aliens mehr. Aber da man einfach nicht hundertprozentig sicher sein kann, muss man diese Behandlung machen.« Ich erzähle ihr alles, was mir Professor Papi im Garten erklärt hat. Ich schütte sie mit allem Tröstlichen zu, was mir bis jetzt geholfen hat, und höre mich reden wie jemand, der schon seine komplette Chemo absolviert hat. Dabei ist es nur eine gewesen und ich habe mich ganz schön belämmert gefühlt und mich nachts vor meinem Mondgesicht im Spiegel erschrocken. Aber jetzt geht es mir besser als ihr. Ich will ihr unbedingt ein bisschen von meinem Optimismus abgeben. Ich mache mir auch selber Mut, wir sind doch eine Seilschaft und müssen uns gegenseitig Halt geben.

»Bitte denk nicht nur daran, dass die Chemo Gift für deinen Körper ist, sie ist auch ein wirksames Medikament. Ich stelle mir vor, wie sie kleine, fiese Zellen abmurkst, sonst würde ich durchdrehen.«

Auch in der rhetorischen Apotheke findet man wirksame Mittelchen.

»Danke, dass du mir das so sagst. Wir machen das Gleiche durch, und du kannst dich in meinen Horror reinversetzen. Ich werde wirklich versuchen, beim nächsten Mal mit einer anderen Einstellung hinzugehen.« Sie klingt wieder mehr wie die Frau, die zwei Tage nach einer Krebs-OP auf der Straße des 17. Juni ein Fußballspiel angeguckt hat.

Meine Freundin Rike, die Medizinjournalistin, recherchiert einen Artikel über integrative Medizin. Nach dem Besuch in einer Klinik im Ruhrgebiet ruft sie mich ganz begeistert an und erzählt über die Alternativ-Methoden, zum Teil aus der TCM, der traditionellen chinesischen Medizin, mit denen dort verschiedene chronische Krankheitsbilder behandelt werden, Herzerkrankungen, Morbus Crohn, Rheuma, chronische Schmerzen, aber auch Krebs.

In ihrer typischen, sehr bestimmenden Art konstatiert sie: »Da musst du hin. Ich hab den Professor schon gefragt, ob du kommen kannst.« Ich bin so verdutzt, dass mir nur einfällt: »Und wann?« »Möglichst sofort, noch vor der nächsten Chemo. Am liebsten hätte er dich schon vor der ersten betreut.« Rike überrumpelt mich, aber ich bin ihr auch dankbar für ihren energischen Elan, der mir abhanden gekommen ist, und für die Möglichkeit einer unterstützenden Behandlung. Der Immunologe war ein Abzocker, auf den ich in meiner Panik reingefallen bin, aber dieses Angebot klingt gut. Als ich in der Klinik anrufe, wirkt der Professor so empathisch und überzeugend, dass ich spontan zusage, gleich am nächsten Tag anzureisen.

Normalerweise dauert der Aufenthalt zwei Wochen, ich habe aber nur eine. Bei mir wollen sie eine Ausnahme machen, damit ich rechtzeitig zur zweiten Chemo zurück bin. Auch mein Onko findet die Idee gut und schreibt mir einen Einweisungsschein. Schon *wieder* Krankenhaus, aber die Entscheidung fühlt sich trotzdem richtig an: weil ich spüre, dass ich eine komplementäre medizinische Unterstützung gut brauchen kann, und weil ich selbst etwas für meine Gesundung unternehmen will.

Rike hat mir geschworen, dass es dort überhaupt nicht wie in einer Klinik aussieht, eher wie in einem Wellnesshotel. Mind-Body-Medizin – das klingt doch erfreulich. Und dank ihres direkten Drahts zum Chef soll ich ein Einzelzimmer bekommen. Ich brauche viel Raum und Zeit für mich allein.

Im Spontanverreisen bin ich ein Ass, auch wenn der Grund eine Krankheit ist. Plötzlich bin ich richtig beschwingt. Ich sehe das Ganze auch als kleines Trostpflaster für den entgangenen Irlandtrip. Nun heißt mein nächstes Ziel gar nicht mehr Chemo, sondern Essen.

18. Juli 2006

Der »Pott« ist weder so grau noch so flach, wie ich ihn mir vorgestellt habe. Auf dem Weg vom Düsseldorfer Flughafen zur Klinik führt die Autobahn über weite, hügelig geschwungene Landschaften. Nur grün ist hier nichts, die Sommerhitze hat die Natur ausgeblichen.

Es sind wieder mal über dreißig Grad.

Im Taxi läuft die Klimaanlage auf vollen Touren und im Radio der andere WM-Song: »Zeit, dass sich was dreht« von Grönemeyer. Der Titel klingt schon besser, Xavier Naidoo hat ausgejault. Ein gutes Musik-Orakel – ich lächle Nordrhein-Westfalen durch das Seitenfenster zu.

Der unspektakulär graue Klinikbau, von dem ich etwas enttäuscht bin, ist sehr ruhig oberhalb des Ruhrtals gelegen. Die Abteilung Innere Medizin/Naturheilkunde ist ein angegliederter, lichter Neubau mit Parkettboden und einer breiten Glasfront zu einem großen Park. Viele alte Bäume und viel Blick in die Gegend. Rike hat nicht übertrieben – Wellnesshotel trifft es nicht ganz, aber das typische Krankenhausflair strahlt das hier nicht aus. Mein Zimmer ist geräumig und hat eine hohe Decke, was bei der Bruthitze sehr angenehm ist.

Eine der Ärztinnen führt mich herum und lädt mich auf einen letzten Kaffee in die öffentliche Cafeteria ein, wo sich stämmige Patienten und ihre Besucher dicke Tortenstücke einverleiben.

Der ganzheitliche Ansatz sieht natürlich anders aus. In der Küche der naturheilkundlichen Abteilung des Krankenhauses spielt vollwertige Ernährung eine große Rolle: viel Gemüse und Ballaststoffe, kaum Fleisch, wenig Zucker, kein Koffein, kein schwarzer Tee. Außerdem: kein Fernsehen! Alles sehr *gesund.* Nur das Rauchen wird anscheinend geduldet, im Garten flanieren jede Menge qualmende Patienten.

Beim Abendessen treffe ich im Speisesaal einige von ihnen wieder. Das Durchschnittsalter schätze ich auf Mitte fünfzig, aber es gibt auch einige Jüngere und einen greisen Rollator-Fahrer mit Menjou-Bärtchen und charmantem Lächeln, der aussieht, als wäre er ein ehemaliger Stummfilmstar. Sie alle essen ohne erkennbare Sitzordnung an großen Gemeinschaftstischen. Ich frage eine Gruppe Frauen, ob ich mich zu ihnen setzen könne. »Klar«, sie reden munter weiter und nehmen keine Notiz mehr von mir.

Plötzlich ist alles wieder da: das Gefühl, aus einem funktionierenden Leben herausgerissen worden zu sein, nach der Diagnose nicht mehr dazuzugehören. Alle hier sind Patienten, ich kann mich immer noch nicht an meine neue Gruppenzugehörigkeit gewöhnen. Eine Art Déjà-vu überrollt mich. Unwillkürlich schießen mir die Tränen in die Augen, ich habe mich inzwischen zu einer hochsensiblen Heulsuse entwickelt, die manchmal schon auf minimale seismographische Veränderungen in ihrer Gefühlswelt reagiert.

Weil ich kein Taschentuch dabeihabe und keine Lust, meine Schwäche zu verbergen, kullern ein paar Tränen in den Kohlrabiauflauf, der sowieso etwas salzarm ist. Am liebsten würde ich gehen, aber der Hunger nach der Reise und ein Rest Courage (da war er wieder, der innere General) halten mich am Tisch. Schniefend esse ich weiter.

Das Damenkränzchen hat seine Mahlzeit beendet, und im Rausgehen legt mir eine von ihnen tröstend die Hand auf die Schulter. Meine Tränen sind doch bemerkt worden.

Später schaut der Professor in meinem Zimmer vorbei. Er ist kleiner, als ich ihn mir vorgestellt habe, mit einem verschmitzten Gesichtsausdruck und einem hellwachen, forschenden Blick.

Meine Intuition hat mich übers Telefon nicht getrogen, ich vertraue ihm auf Anhieb. Kein Halbgott in Weiß – ein Vollmensch. Wir sprechen eine halbe Stunde miteinander, er fragt sehr interessiert und direkt, wie ich mich seit der Diagnose und nach der Chemo fühle – körperlich, aber hauptsächlich seelisch.

Er gibt mir einen Überblick, welche Behandlungen für mich infrage kommen:

Akupunktur, chinesische Tuina-Massage, Qigong, Yoga. Außerdem Atemtherapie, Meditation, aber auch Walking, Wassergymnastik, Retterspitzwickel für die Narben, Kneippgüsse für den Kreislauf und eine psychologische Betreuung. Am nächsten Tag werde ich einen Stundenplan für die ganze Woche bekommen. »Es wird Ihnen sicher nicht langweilig werden«, verabschiedet er sich.

Das Krankenhausbett, in dem man mitten im Raum wie auf einem Präsentierteller liegt, damit das Pflegepersonal vorschriftsmäßig von beiden Seiten an einen herankommt, rolle ich einfach in eine Ecke des Raumes. Ich bin ja kein Notfall. Mit einer Wand neben mir fühle ich mich viel geborgener. Mein kleines privates Feng-Shui – wenn es hier schon so chinesisch zugeht.

Die Nachtschwester, die noch mal hereinschaut, guckt zwar etwas irritiert, lässt mich aber gewähren.

20. Juli 2006

Frau Martin aus der Münchner Tagesklinik hat recht gehabt, ab der Halbzeit geht's einem besser. Das hat sich mir eingeprägt. Heute ist der zehnte Tag seit der Chemo, und ich fühle mich eigentlich ziemlich »normal«. Durch die räumliche Entfernung und die neuen Eindrücke ist die ganze Chemogeschichte sowieso abstrakter geworden.

Ich habe mich eingelebt in den Klinikrhythmus, bis auf die kalten Güsse um sieben, die schwänze ich gerne mal. Mein Stundenplan ist voll mit aktiven wie auch eher passiven Therapien. Es gibt viele Möglichkeiten, mich ein bisschen zurückzuerobern.

Ohne es zu bemerken, habe ich die letzten fünf Wochen vor Schreck schier die Luft angehalten. Jeder Apnoe-Taucher, der unter Wasser nur mit der eigenen Atemluft auskommen muss, wäre auf diese Leistung neidisch. Bei der reflektorischen Atemtherapie bringt mich Frau Kruse, eine einfühlsame Berlinerin, dazu, wieder tief durchzuatmen. Ein unglaubliches Gefühl! Sie »repariert« aber nicht nur den Brustkorb, sondern auch gleich die Lendenwirbelsäule mit, die mir immer wieder Probleme macht. Schon nach der ersten Stunde bei ihr fühle ich mich wohler.

Die Tuina-Massage bei einem engelsgesichtigen Wunderhänder, durch die Blockaden der Energiebahnen aufgelöst und der Fluss des *Qi*, der Lebensenergie, gefördert werden sollen, ist ebenfalls ein Aha-Erlebnis für die verwirrten Kumpels Körper & Seele. Langsam nähern sich die beiden wieder an.

Und ich bekomme Meditationsunterricht. Der Lehrer ist schon zufrieden, wenn ich zehn Minuten still zählend und bewusst atmend verbringt. Trotz meiner chronischen Ungeduld und tausend Gedanken, die gedacht werden wollen, schaffe ich es, den Kopf ein bisschen leer zu bekommen. Meine erste Meditation ist ein Erfolgserlebnis.

21. Juli 2006

Mittlerweile verlaufen die Mahlzeiten nicht mehr so dramatisch wie am ersten Tag. Bei den Gruppenstunden, wie zum Beispiel Qigong oder Walking im Park, bin ich mit anderen ins Gespräch gekommen und habe nun ein paar feste Tischgenossen, mit denen ich morgens über den fehlenden Kaffee jammern kann und abends über das Dauer-Käsebrot. Die meisten Patienten lassen sich gerne bei Tisch über ihre Krankheiten aus. Ich nicht. Ich schweige den Krebs einfach tot, mir genügt es völlig, jeden Tag den diversen Therapeuten über meine Befindlichkeit zu berichten.

Dank Rikes Vermittlung und wohl auch aufgrund der akuten Erkrankung habe ich so etwas wie einen Spezialstatus, mit vielen Einzelstunden und Akupunktur vom Chef persönlich. Mit ihm unterhalte ich mich gerne über alles Mögliche und Unmögliche. Es tut mir gut, von meinem Leben, meinem Job, meinen Reisen zu erzählen.

Von all den sensiblen Ärzten und Therapeuten umgeben zu sein, bringt mir etwas von meiner verloren gegangenen Sicherheit zurück. Hier kann mir nichts passieren. Und ich werde als Mensch gesehen, nicht nur als bedürftige Patientin.

Seit dem Tag der Diagnose bin ich nicht mehr für längere Zeit zur Ruhe gekommen. Hier gelingt es mir. Rike hat recht gehabt.

Ich höre das erste Mal bewusst den Begriff »Achtsamkeit«. Typisch für unseren rasanten westlichen Lebensstil ist, dass wir mehr die täppische Wortschwester »Unachtsamkeit« kennen. Achtsamkeit ist im Buddhismus von zentraler Bedeutung. Die Psychologin, die alle zwei Tage vorbeikommt, erklärt mir, wie wichtig es für die angeknackste Seele ist, seine Tage bewusst zu leben.

Wie kostbar die Zeit ist, habe ich in den letzten Wochen erfahren, als ich mir immer wieder Gedanken zu meiner Lebenserwartung machen musste: Tick-tack, tickt da nicht irgendwo ein Zeitbömbchen für mich? Wer weiß das schon genau.

Ist auf jeden Fall gut, wenn man den Augenblick schätzen kann.

Alltägliche Dinge achtsam, ohne Hektik zu erledigen oder mal innezuhalten, um sich zu beobachten, wie viele Dinge man unachtsam tut, das alles ist wirklich neu für mich. Aber es klingt richtig. Jetzt muss ich es nur noch lernen.

23. Juli 2006

Über das in Kliniken sowieso schon ereignisarme Wochenende werde ich »eingesperrt«. Obwohl ich mich ganz gut fühle, pfeifen meine Blutwerte auf dem letzten Loch, sodass mein netter Professor beschließt, mich zu Zimmerarrest zu verdonnern. Das Zusammentreffen mit den anderen im Speisesaal könnte mein Immunsystem überfordern.

Also Essen aufs Zimmer. Therapiestunden gibt es am Samstag und Sonntag keine – jetzt ist mir doch langweilig.

Draußen brütet ein knallheißer Sonntag, und drinnen brüte ich. Wie war das mit dem bewussten Augenblick und der Meditation? Ich hätte viel Zeit zum Üben.

Stattdessen mache ich mit meiner Digikamera ein paar Erinnerungsfotos von meinen Haaren. Ich werde sie wohl nicht mehr lange haben. So kann ich sie zumindest im Bild festhalten. Eigentlich sollte ich das Ganze festhalten ... In meinem Kopf entsteht ein Plan: Ich muss das alles auch für andere aufschreiben – die unglaublichen Gefühle zwischen Geister- und Achterbahn, die Ängste, die Begegnungen und Erkenntnisse.

Ein Tagebuch. Aus meinem privaten ein öffentliches machen. Ich will der Restwelt umgehend mitteilen, wie sich ein Leben mit Diagnose anfühlt, das sich von heute auf morgen komplett verändert hat. Kann sich ja keiner vorstellen. Habe ich vorher auch nicht gekonnt.

Das schnellste Medium ist das Internet. Ein Blog? Der Gedanke macht mir Spaß, auch wenn ich die Blogs, die ich mal gelesen habe, als eher überflüssig empfinde. Ich stelle mir eine Art wöchentliche Kolumne für Krebspatientinnen, deren Angehörige und Freunde vor. Genau, das mache ich! Ich bin sehr zufrieden mit meinem achtsam *und* kreativ genutzten Quarantänedasein.

Am späten Nachmittag, als die Sonne endlich nicht mehr so runtersticht, flüchte ich aus meinem aufgeheizten Zimmer in den Park und versuche mich noch an einer Gehmeditation. Ein ideales Training für Menschen mit Hummeln im Hintern, die sich trotzdem entspannen wollen. Einatmen, zählen, ausatmen, zählen ... Ich genieße es, draußen zu sein und mich zu bewegen. Auf dem Rückweg in mein Zimmer begegne ich dem Stummfilm-Grandseigneur, der langsam seinen Rollator in Richtung Speisesaal schiebt. Er lächelt mir zu: »Wie geht es Ihnen? Ich habe Sie schon vermisst bei Tisch.« Wenn er vierzig Jahre jünger wäre, könnte ich glatt schwach werden, so viel Charme hat er.

Ich erkläre ihm meine Lage. Er hofft, dass ich möglichst bald wieder »freigelassen« werde: »Das ist doch nichts, alleine im Zimmer.« Er ist in einem Dreierzimmer in einer Männer-WG untergebracht, was ihm gut gefällt. »Jetzt muss ich zum Käsebrot«, er blinzelt mir zu. Obwohl er so alt und körperlich eingeschränkt ist, strahlt er immer noch große Lebensfreude aus.

»Man kann dem Leben nicht mehr Tage geben, aber den Tagen mehr Leben.« Diesen Aphorismus habe ich in einem Buch entdeckt, das mir die Psychologin geliehen hat. Ein ziemlich weises Motto. Natürlich aus China.

Es sollte mein letzter Tag mit kompletter Frisur sein, am nächsten Morgen gehen mir beim Frottieren nach dem Duschen die Haare aus. Dagegen hilft auch keine fernöstliche Weisheit mehr.

24. Juli 2006

Ich starre in das Waschbecken, in dem wohl Hunderte meiner Haare liegen. Dass die Ärzte auch immer recht haben müssen! Es ist der erste Tag der dritten Woche nach der Chemo. Ich höre auf, mich zu kämmen, weil ich befürchte, dass ich sonst mit einer Instant-Glatze rechnen muss. Die Haare haben irgendwie keinen Halt mehr, die ganze Kopfhaut fühlt sich komisch an. Jetzt wird es also ernst. Ab jetzt kann man mir ansehen, dass etwas nicht in Ordnung ist mit mir. Ich schaue einmal mehr in ein entgeistertes Gesicht im Spiegel und schneide seufzend eine traurige Grimasse. Bei *seufzen* fällt mir ein, dass ich zur Atemtherapie muss, und so beende ich die unerfreuliche Selbstbetrachtung.

Meine noch feuchte Restfrisur schiebe ich vorsichtig zusammen, sie zu föhnen traue ich mich nicht. Muss ich ja auch nicht, es ist immer noch Höchstsommer draußen.

Die gute Nachricht des Tages ist, dass nur meine Haarwurzeln schwächeln, die Blutwerte haben sich übers Wochenende erholt. Der Zimmerarrest ist beendet. Ich freue mich, meinen Brombeerblättertee wieder mit den anderen teilen zu können. Nicht nur der Stummfilmstar hat mich vermisst, auch eine Frau mit Dauermigräne, wegen der sie selbst schon einige Male nicht zum Essen erschienen ist. Heute geht es ihr gut, und sie freut sich ehrlich, mich zu sehen. Wir unterhalten uns, wie immer, über total nichtmedizinische Dinge. Ich vermeide tunlichst, an meine Haare zu denken.

Erst als ich mich nach dem Frühstück bei Frau Kruse auf der

Liege ausstrecke, kann ich mein Herz ausschütten und zugeben, was mit mir los ist: »Ich glaube, ich kann mich heute nicht entspannen, weil ich krampfhaft versuche meine Haare nicht zu verlieren.« Wieder rette ich mich in den Sarkasmus. Sie lacht verständnisvoll, meint aber, wir sollten trotzdem weiter an der Atmung arbeiten: »Jetzt erst recht.« Wahrscheinlich halte ich seit dem Morgen vor Schreck wieder die Luft an und habe es noch nicht bemerkt. Sie schon. Es gelingt mir, ein bisschen abzuschalten, bis zu dem Moment, als ich am Ende der Stunde aufstehe. Auf dem Kopfteil der Liege habe ich jede Menge Haare hinterlassen, auch ohne Kämmen.

Ich bin froh, dass ich einen umfangreichen Therapieplan habe, so kann ich mich erst wieder nach dem Mittagessen ausgiebig in meinem Badspiegel begutachten. Noch sieht man eigentlich nichts, außer dass auf meinen Schultern etwas »Herbstlaub« liegt. Der kahle »Winter« ist sicher nicht mehr fern – ich werfe mir noch einen mitleidigen Blick zu, bevor ich das Licht lieber wieder ausknipse.

Ich könnte heulen, und ich glaube, ich habe es später auch getan. Irgendwie habe ich wenig Erinnerung an den Rest des Tages. Reiner Selbstschutz.

26. Juli 2006

Abschied von Essen. Meine kleine Auszeit ist um, und ich muss wieder zurück, die zweite Chemotherapie steht an. Insgesamt fühle ich mich gestärkt durch die Aufmerksamkeit, die ich und andere meinem Körper und meiner Seele geschenkt haben. Ich habe neue Blickweisen kennengelernt und bin entschlossen, mit Meditation, Yoga oder Qigong weiterzumachen.

Obwohl mir immer noch der beginnende Haarausfall zu schaffen macht (morgens sieht das Bett aus wie ein Meret Oppenheim'sches Kunstwerk: *Das Pelzkissen*), geht es mir doch um einiges besser als vor dem Aufenthalt. Außer meinem Reisekoffer habe ich jetzt noch einen imaginären Werkzeugkasten zur Selbsthilfe dabei.

Zum Abschied stehe ich bei den Schwestern am Stationstresen und bedanke mich für ihre Betreuung. Auch der Professor kommt noch mal vorbei, um mir alles Gute für die nächsten Monate zu wünschen. Er hat eine Liste für mich zusammengestellt mit den Nahrungsergänzungsmitteln und Vitaminen, die ich während meines Aufenthalts bekommen habe. Für die Zeit der Therapien sollen sie mir helfen, die Neben- und Auswirkungen besser zu vertragen. Diese intensive Woche hat mir die gesuchten kompetenten Empfehlungen und Möglichkeiten für Alternativtherapien beschert – das spart den Quacksalber und stundenlange Suche im Internet. Beides hat mich nicht weitergebracht.

Ich bin früh am Düsseldorfer Flughafen, deshalb gönne ich mir in der Wartezeit bei einem Luxus-Chocolatier zwei große Erdbeeren im Schokofrack und einen Cappuccino. Nach über einer Woche Vollwertkost ohne Süßkram und Koffein muss das einfach sein. Schmeckt beides göttlich.

Ich habe gelesen, dass während einer Chemotherapie auch der Geschmackssinn beeinträchtigt werden kann, von Übelkeit und mangelndem Appetit mal ganz abgesehen. Aber noch trifft nichts davon auf mich zu: Genuss jetzt!

»Sehr gesunde Einstellung«, lobt mich meine Seele.

Im Flugzeug sitze ich in der letzten Reihe auf einem Mittelplatz, links und rechts zwei typische Business-Pinguine, die ausladend ihre *Financial Times* und *FAZ* durchblättern. Wir stehen eine Ewigkeit auf dem Rollfeld. Aus irgendeinem Grund, den ich bei der Durchsage nicht ganz verstanden habe, wird die Starterlaubnis nicht erteilt. Ich linse verstohlen auf meine Schultern, da liegen schon wieder Häuflein von Haaren. Nur gut, dass ich trotz der hohen Temperaturen einen Kapuzenpulli trage – ich friere wegen der Aircondition im Flugzeug jedes Mal –, da werden wenigstens hinten die leise rieselnden Haare aufgefangen.

So zerrupft und blass fühle ich mich ziemlich deplatziert zwischen all den adretten Anzugträgern, die andere Dinge im Kopf haben als ich. Vor Kurzem noch bin ich selbst ab und zu beruflich verreist …

Es wird drückend heiß in der Maschine, jeder schwitzt leise vor sich hin. Die beiden neben mir drehen die Frischluftdüsen über uns so weit auf, dass ich Angst um meine mürbe Haartracht bekomme. Einen kurzen Moment sehe ich schon meine Restfrisur in den zartrosa Wirtschaftsseiten nebenan liegen, wie ein Toupet in einem albernen Sketch. Mir ist aber nicht wirklich spaßig zumute.

Vorsichtig setze ich die Kapuze auf und bitte einen der Nebenmänner, dessen Düse mich direkt anpustet, sie herunterzudrehen. Er schaut mich zuerst an, als sei ich von einem anderen Stern, aber wahrscheinlich sehe ich so verzweifelt aus, dass er mir den Gefallen wortlos tut.

Wieder in München, rufe ich sofort Petros an, der glücklicherweise in der Stadt ist, damit er mir ein letztes Mal für lange Zeit die Haare schneidet. Was ich nicht mehr übers Herz gebracht habe, tut er und kämmt so lange, bis knisternd alle losen Strähnen entfernt sind. Und das sind eine Menge. Aus dem auf dem Kopf Verbliebenen bastelt er einen ganz interessanten Raspelkopf. Jetzt sehe ich noch mal anders aus.

Ich ziehe mir ein korallenrotes Sommerkleid an, das ich mal wegen der Farbe gekauft, aber nie getragen habe, weil es um den Po herum zu eng war. Es führte bis jetzt ein zurückgezogenes Leben in meinem Schrank. Ich drehe mich vor dem Flurspiegel, es passt perfekt. Eitelkeit – eine nicht zu unterschätzende Kraft.

Meine Freundinnen haben mich abends zu einem italienischen Willkommensdinner auf dem Balkon eingeladen. Sie meinen, ich sähe viel besser aus als vor Essen. Und – alle loben die ratzekurzen Haare sowie mein »neues« Kleid. Ich freue mich über die Komplimente, die zusammen mit einem Glas Rotwein (O-Ton Onkologe auf die Frage nach Alkohol während der Chemo: »Och, ein bisschen Lebensfreude muss schon sein«) meine Haarverlustängste etwas auflösen.

Aber mir ist klar, dass die Frisur nicht lange durchhalten wird. Ich habe es vorher bei Petros im Spiegel gesehen, die Kopfhaut schimmert schon durch.

1. August 2006

Ich liege in meinem Bett und schaue aus dem Fenster in einen grauschweren Himmel. Draußen regnet es in Strömen, mir kommt vor, das erste Mal seit Wochen. Zu diesem Sauwetter passt mein melancholischer Gemütszustand.

Die anderen sind jetzt in Irland. Dort regnet es zwar wahrscheinlich wie an 249 weiteren Tagen im Jahr auch, aber wenigstens kann man übers Meer schauen, und das Gras ist grüner, und überhaupt bin ich traurig, nicht mit dabei zu sein. Statt Guinness und Lobster gibt's für mich heute einen dauerhaften Venenkatheter. Das Frühstück fällt auch aus.

Die für das Einsetzen des Ports erforderlichen Voruntersuchungen habe ich vor ein paar Tagen in der Klinik absolviert und mittlerweile routiniert das vierseitige Nebenwirkungenkönntenmöglichsein-Papier ungelesen unterschrieben.

»Man muss nicht alles wissen, nur so viel Beunruhigung, wie unbedingt nötig.« Das habe ich inzwischen gelernt.

Ich denke an den Blick von den Klippen der Aran-Inseln an einem klaren Tag. Vielleicht scheint ja doch die Sonne? In Irland kann man drei bis vier Jahreszeiten innerhalb weniger Stunden erleben. Erinnerungen sind was Tolles, sie können einen ein Stück wegtragen aus der unangenehmen Realität:

reisen, ohne wegzufahren. Dazu ist es nützlich, wenn man seinen Erlebnis- und Bilderspeicher schon mit einigen schönen Orten gefüllt hat.

Ich will noch vieles in der Welt sehen. Meine Gedanken trudeln ab in die Depri-Denkschleife: Wie viel Zeit habe ich überhaupt noch? Wann werde ich wieder weit weg reisen können? Muss ich bald sterben? Hört die Angst auch mal auf?

Der Trick, sich etwas Schönes vorzustellen, bis man sich besser fühlt, will nicht so richtig funktionieren. Es wird Zeit, ich muss aufstehen. Wie jeden Morgen ist das Kopfkissen übersät mit Haaren. Vorsichtig taste ich nach oben, der Schädel ist erstaunlicherweise auch nach einer Woche Haarausfall nicht kahl. In den Spiegel schaue ich mittlerweile möglichst selten.

Mithilfe des Staubsaugers mache ich mein Bett sauber, danach riskiere ich beim Zähneputzen doch einen Blick – Frisur kann man das nicht mehr nennen. Ich bin in der Zielgeraden, erster Preis: Glatze.

Was für ein Scheiß-Look. So will ich nicht ins Krankenhaus fahren, ich binde mir zum ersten Mal ein Tuch um den Kopf. Besser.

In der Klinik ist eine Art Port-OP-Stau, aber ich bekomme immerhin ein Bett in einem der kalt beleuchteten Räume zugewiesen. Mir knurrt der Magen, und ich friere unter der dünnen Decke, die ich bis zur Nase hochziehe. Erstaunlicherweise schlafe ich ein.

Irgendwann werde ich in den OP geschoben. Die operierende Ärztin, schon mit Mundschutz, begrüßt mich und fragt: »Hat Ihre Körperbemalung einen tieferen Sinn?« Ich hatte mich am Vorabend in mein Auto gesetzt und mit einem Kuli die Position des Sicherheitsgurtes oberhalb der linken Brust angezeichnet. »Vielleicht können Sie das Ding bitte so platzieren, dass der Autogurt nicht direkt darüberläuft?« Ich habe Angst, dass das Membrandöschen bei einer Vollbremsung beschädigt werden könnte oder, noch schlimmer, meine Vene. Die Ärztin meint, sie werde es versuchen, aber viel Spielraum hätte sie nicht. Dann versenkt mich die Anästhesistin in einen Dämmerschlaf.

Als ich aufwache, liege ich wieder in dem Warteraum, diesmal jedoch mit einem großen Verband und einem kleinen Sandsack auf der linken Schulter, der das Nachbluten verhindern soll. Mehr spüre ich nicht. Jetzt bin ich beidseitig lädiert. Die Schnitte an meiner Brust und in der Achsel sind einigermaßen verheilt, eigentlich sieht man nur noch eine kleine Delle, wo der Tumor entfernt worden ist, und in die Achselhöhle guckt so schnell keiner. Allerdings ist sie taub, weil so viele Nerven durchtrennt worden sind. »Det wird. Det wächst allet wieder zusammen. Wernse sehen«, hatte man mich in Berlin noch aufgemuntert. Ja – aber det dauert!

Der gesamte Brustbereich rechts ist noch sehr empfindlich. Ich ertappe mich öfters bei der Schonhaltung, die mir Martina, meine Lymph-Fee, verboten hat: angewinkelter Arm bei hochgezogener Schulter, vor der Brust getragen.

»Wollen Sie ein paar Kekse oder eine Banane?« Die Schwester rettet mich vor dem Verhungern. Dass langweilige Butterkekse so lecker schmecken können! Ich esse einen nach dem andern, bis die Packung leer ist.

Nach eineinhalb Stunden darf ich aufstehen. Meine Mutter holt mich ab, sie musste die Port-Prozedur vor zwei Jahren durchmachen und weiß, wie ich mich fühle. Sie hilft mir beim Anziehen. »Ich habe dir lange kein Hemd mehr zugeknöpft, das ist einige Jahrzehnte her«, meint sie liebevoll.

Gemeinsam fahren wir mit dem Taxi zu mir. Sie kocht mir ein Mittagessen wie früher, eine Suppe, die ich einarmig löffeln kann. Ach, Mami …

Langsam lässt die Narkose nach, und die tiefe Wunde tut brüllend weh. Da ich keine Kraft mehr für größere Tapferkeiten aufbringe, schlucke ich zwei der Schmerztabletten, die ich mitbekommen habe, und versenke mich ins Bett.

Erst da wird mir klar, dass ich vorerst nur noch auf dem Rücken schlafen kann. Seitenlage ist nicht drin, links der OP-Verband und die rechte Seite zu druckempfindlich. Mist! Ich denke an die vielen Menschen mit Hüftoperationen und hoffe, dass die Segnungen der Chemie mich bald einschlafen lassen.

2. August 2006

Am nächsten Morgen kommt mein Kopf durch die Haare. So wirkt es jedenfalls auf mich. Wie bei einem Mönch. Das war's! Dagegen sieht sogar eine ehrliche Glatze besser aus.

Ich habe sehr unruhig geschlafen und bin früh wach geworden. Die Schmerztabletten haben mich tatsächlich einigermaßen betäubt. Die linke Seite tut mir immer noch weh, ich halte den Arm möglichst ruhig. Zum Telefonieren braucht man nur eine Hand. Petros ist wieder auf einer Fotoreise. Dem Haarkünstler wollte ich das Endstadium auch nicht zumuten. Ich rufe einen Freund an, der einen Rasierer mit Langhaarschneider und Erfahrung mit Stoppelkopf besitzt: »Kannst du bitte gleich kommen? Die Haare müssen sofort runter.«

Das ist eine der Aufgaben, die ich verteilt habe, als alle unbedingt etwas für mich tun wollten: »Wenn es nicht mehr anders geht, kannst du mir bitte die Haare abrasieren, Jordi?« »Mach ich. Sag einfach Bescheid, Homeservice – Tag und Nacht!«

Freunde sind manchmal wirklich überlebenswichtig.

Jordi ist sowieso Frühaufsteher. Bevor er kurz nach sieben mit dem Fahrrad vor der Tür steht, sauge ich umständlich einarmig die Haarwuschel im Bett und auf dem Boden weg. Kurz überlege ich, mir das Rohr einfach mal an meinen Kopf zu halten, aber dann lasse ich es.

Ich sitze auf einem Hocker, unterhalb der Reichweite des Spiegels. Jordi versucht mich mit komischem Pseudo-Friseurgeplapper abzulenken, »Vokuhila oder Hikuvola?«. Mir ist nicht nach witzig. Bei den Haaren hört mein Humor auf, zudem bin ich bekennender Morgenmuffel. Er zögert noch kurz, dann legt er los. Der brummende Rasierer auf der Kopfhaut ist kein schönes Gefühl. Um mich rieseln die letzten dünnen Strähnen herunter, wie Lebensmüde, die sich irgendwo hinabstürzen. Eine Katastrophe mitten in meinem Badezimmer. Sie dauert nur zehn Minuten.

»Fertig! Sieht doch gar nicht übel aus, schöner Hinterkopf, keine Narben, keine Löcher.« Jordi bemüht sich wirklich, mich aufzumuntern. Ich starre auf den Boden, wo die Überreste meiner ehemaligen Mähne liegen. Langsam schiebe ich mich hoch von meinem Platz und schaue in den Spiegel. *Gar nicht übel* ist sehr geschmeichelt. Meine erste, politisch völlig unkorrekte Assoziation ist: »Wie aus dem KZ.«

Meine zweite, dass ich jetzt richtig krank aussehe, auch weil das, was mir immer noch an Gewicht fehlt, meine Wangenknochen unschön betont. Selbst in der Klinik in Essen ist es mir nicht gelungen, mir viel anzufuttern. »Scheußlicher Käsekopp«, meine dritte Assoziation.

Mit der Hand fahre ich über den Kopf, einige tapfere Reststoppeln kratzen wie ein Dreitagebart. Andere Stellen sind ganz glatt. Ich hole mir ein Kopftuch, um meine Optik zu verbessern, außerdem ist's empfindlich kalt an der Birne, trotz August. Selbst die schütterste Frisur wärmt noch, Glatze friert!

Jordi lässt schnell die traurigen Reste verschwinden, das gehört zum Service, wie er sagt. Zum Dank für seine Hilfe will ich uns ein Frühstück machen. Er winkt ab. Mit Kopftuch und lahmer Schulter schleppt er mich in ein Café in der Nähe, wo ich meinen Weltschmerz in einem Latte machiato ertränken kann. »Morgenlatte!«, wie er betont. »Ha ha«, murmele ich in den Kaffee. Mir ist immer noch nicht nach witzig, die Sexabteilung in meinem kahlen Kopf hat sowieso seit Wochen geschlossen. Trotzdem ist es wie immer eine gute Idee, rauszugehen, anstatt sich zu verkriechen.

»Wenn einem Mann die Haare ausgehen, wachsen sie normalerweise nicht wieder nach, außer er heißt Elton John. Es ist so frustrierend, wenn die Haare einfach immer weniger werden«, klagt Jordi. Das Gefühl kenne ich. »Sei froh, dass das bei dir anders ist, *deine* werden wieder nachwachsen.« Ein momentan weit entfernter Trost, aber er hat recht. Ich schaue auf seine wohlgerundeten Geheimratsecken und verstehe ein bisschen besser, was so auf und in Männerköpfen vor sich geht.

Als es später wieder warm wird, laufe ich mit nacktem Kopf durch die Wohnung.

Das ist okay, solange kein Spiegel in der Nähe ist. Ich rufe zwei Freundinnen an, die nicht zur Irlandtruppe gehören, und erzähle ihnen von meinem Frisurfinale. Die Story muss ich einfach *loswerden*.

Trotz Hochsommer friere ich im Bett am Kopf. Ich muss etwas aufsetzen, weil ich sonst nicht einschlafen kann. Außerdem bleibt man mit den Stoppeln blöderweise im Kissen hängen. Ich habe nur Tücher, die man im Nacken knoten muss, und winterwollige Mützen, also kreiere ich aus einem Unterhemd eine Art Schlafmütze, indem ich die Träger oben zusammenbinde – sehr apart, gut, dass ich alleine im Bett bin und mich keiner sieht.

Nein, es ist nicht gut, alleine zu sein.

Da liege ich, mit mittlerweile drei Narben, ohne Haare und mit meiner Angst. Plötzlich bricht es aus mir heraus. Ich beginne zu weinen, erst leise, dann schluchze ich immer heftiger. Den ganzen Tag lang habe ich mich zusammengerissen und wohl einmal mehr zu lange die Luft angehalten.

Zwei Wochen später kann ich mithilfe eines befreundeten Redakteurs meinen Plan umsetzen: Ich veröffentliche auf den Online-Gesundheitsseiten eines Nachrichtenmagazins meinen ersten Blog. Fast ein Jahr schreibe ich dort eine wöchentliche Kolumne, von August 2006 bis Juni 2007. Hier beginnen die etwas überarbeiteten Texte meines digitalen Tagebuchs.

16. August 2006

Jetzt ist heute

C50.9 heißt nicht näher bezeichnetes Mammakarzinom, heißt Brustkrebs. Jede betroffene Frau (auch jeder Mann – immerhin ein Prozent der Fälle) liest das Kürzel andauernd: auf der Krankschreibung, den 236 Überweisungsscheinen zu Fachärzten, dem Perückenrezept etc.

Ich heiße Kora, bin 44 Jahre alt, habe Familie, Freunde, Beruf, Pläne. Ich liebe das Leben, die Stadt, die Natur, und ich habe mich stark, gesund, unverwundbar gefühlt. Wenn ich mal krank war, hatte ich einen Schnupfen oder auch mal einen gebrochenen Zeh. Alles vorbei, seit zwei Monaten hat meine neue Zeitrechnung begonnen: vorher und jetzt. Ich werde hier aus meinem Leben mit Krebs berichten, mit Höhen und Tiefen, mit Haaren und ohne.

Meistens fühl ich mich noch unterwegs: Ich lebe irgendwie eine prima Schutz-Schizophrenie – die frühere Kora und die andere, die Krebs hat. Wenn's mit den Infos der Ärzte zu viel wird, klinkt sich das Hirn sowieso aus und will nichts mehr speichern, bisschen schizo hilft. Kylie Minogue wollte, nachdem sie letztes Jahr von ihrem Karzinom erfahren hatte, gleich wieder in den Flieger steigen und weitertouren. Wer hätte gedacht, dass die mich je interessieren würde! Wenn ich jetzt ein Foto von ihr in der *Bunten* sehe, dann schau ich genau hin, wie zum Beispiel bei ihrem Kurzhaar-Comeback auf Elton Johns letzter »Huschenparty«. Okay, sie sieht besser aus als früher. Gut. Die Krankheit kann durchaus was Konstruktives haben, umwälzend ist sie sowieso.

Heute bin ich optimistisch. Heute geht's mir gut. Aber das ändert sich. Von einem Tag auf den nächsten. Letzte Woche hatte ich meinen zweiten Chemozyklus, da verging mir die Lebensfreude mal wieder rasant. Läuft erst mal der Medikamentencocktail durchs System, kommt auch der »dicke Mann«. So fühlt es sich an für mich: Ein dicker Mann setzt sich auf mich drauf, auf den Kopf, den Magen, die Seele. Nach ein paar Tagen wird's ihm dann zu blöd, und er steht auf.

Ich hab mich nie gefragt: Warum habe gerade ICH Krebs? Kann jedem passieren.

Meine Freundin Lucia hat in der Woche meiner Diagnose ein großer Zinkblumentopf knapp verfehlt, der von einem Fensterbrett im zweiten Stock direkt vor ihre Füße geknallt ist. Kann auch jedem passieren. Fallsüchtige Gewächse – die klassische Todesart für Pessimisten. Aber ich bin ja Optimistin. Immer gewesen und will's immer bleiben. An den Tod denk ich nicht gern, wie jeder. Ist auch sicher nicht gut für mein Immunsystem.

Ich frag mich lieber so Sachen wie: Warum dauert meine Therapie so verdammt lang und hat mehr Nebenwirkungen, als es Shampoosorten bei Rossmann gibt? Oder: Warum kann die Wissenschaft potenzielle Zell-Zeitbomben im Körper nicht rechtzeitig sichtbar machen, anstatt sie mit Litern von Medikamenten zu attackieren? (Na ja, die Wartungsarbeiten an der ISS-Raumstation gestalten sich auch immer schwierig ... man muss Geduld haben mit der Wissenschaft.) Und noch eine wichtige Frage: Wie habe ich eigentlich meine Zeit *vorher* so genutzt?

Ich muss vieles verkraften, von dem ich nie geahnt habe, dass es mich mal betreffen würde. Und so geht es täglich Tausenden von Patienten. Selbst in der kurzen Zeit meiner Erkrankung habe ich schnell gemerkt, am besten ist es, die Sachen in die Hand zu nehmen, aktiv zu sein, weiterzuleben, anstatt weiter krank zu sein. Denn für irgendwas muss die ganze Scheiße ja gut sein. Also traue ich mich einfach was zu tun, von dem ich immer geträumt habe: Ich schreibe. Jetzt.

22. August 2006
Nebenwirkungen all inclusive

Mein neues Unwort heißt Nebenwirkungen. Früher hab ich's eher selten benutzt – oder nie? Jetzt taucht es andauernd auf. Es baut sich in meiner Imagination in leuchtenden Riesenlettern vor dem nächtlichen Häusermeer von Manhattan auf: NEBENWIRKUNGEN. Wer je den Waschzettel einer Medikamentenpackung gelesen hat, weiß, was ich meine: Von Schluckbeschwerden bis Herzstillstand, alles ist möglich. Zu den Infusionen bei einer Chemotherapie bekommt man einen vielseitigen Aufklärungszettel, den man am besten ungelesen unterschreibt, sonst fängt man die Therapie erst gar nicht an. Es ist eine Liste aller möglichen Grausamkeiten.

Ich bin kein Hypochonder, aber die Medikamente, die mir da regelmäßig durch den Körper gesprudelt werden, verlangen mir Respekt ab. Vor jeder Chemo bin ich aufgeregt, halten mein Körper, meine Seele stand? Und ich habe Angst. Nicht vor der Wirkung der Infusionen, die sollen mich ja gesund machen, Angst vor den NEBENWIRKUNGEN (wieder diese Wolkenkratzer-Buchstaben!). Dabei soll man doch positive Bilder visualisieren, sagt der amerikanische Star-Onkologe und Bestsellerautor O. C. Simonton ... sorry, Mr. Krebsguru, aber so ist es nun mal!

Jeder Mensch, auch der, der noch nie was mit Krebs zu tun hatte, weiß Bescheid: Chemotherapie = Nebenwirkungen = schlimm! Und jetzt bin ich dran. Da nicht in Hysterie auszubrechen, auf den Körper, der mich gerade erst mit der Krebsdiagnose arg enttäuscht hat, zu vertrauen, ist echt eine Leistung. Mein Tipp: Nicht allzu viel lesen, sich keine Horrorgeschichten erzählen lassen, sich ganz auf sich selbst konzentrieren – schließlich reagiert jeder anders, und nirgendwo steht, dass man den ganzen Beipackzettel abarbeiten *muss*.

Einige wähnten mich schon für ein halbes Jahr mit Kotzeimerchen im Bett. Aber mein Kumpel Laurin schlägt mir eine Vier-Stunden-Wanderung vor (und bei ihm rechnet man besser mit zwei Stunden mehr wegen der lustigen »Abkürzungen«, auf denen frau dem Alpha-Tier natürlich folgen soll). Ach, so ein charmantes Ignorieren meines körperlichen Zustands tut mir gut!

Und der ist jetzt irgendwo zwischen Schleudergang, eigentlich-ganz-gut und schlapp. Insgesamt ist alles gar nicht soo schlimm wie befürchtet – der »dicke Mann« haut bis jetzt, Gott sei Dank, auch immer wieder ab! Fast am meisten macht mir derzeit das Fehlen der Haare zu schaffen. Das ist DIE NEBENWIRKUNG, im brutalen Singular. Dafür war das Eimerchen bisher nie im Einsatz, und ins Bett geh ich erst, wenn's dunkel ist. Ich habe sogar wieder angefangen ein bisschen zu arbeiten. Ab und zu brauche ich eine Siesta, die ich, als ich noch gesund war, immer schon gerne gemacht hätte. Jetzt darf ich. Auch so eine Nebenwirkung. Denn hey, es gibt ja auch die anderen Nebenwirkungen:

Meine Freundin aus Australien ruft jetzt beispielsweise jede Woche an. Ich genieße es, endlich Zeit zu haben. Der Preis war zwar hoch, aber ich nehme auch alles Gute mit und freue mich darüber. Wenn, dann all inclusive.

Die Freunde stehen zusammen. Und man lernt manche Menschen überraschend von einer anderen Seite kennen. Die Krankheit bringt sie zum Nachdenken über ihr Leben, ihr Verhalten. Auf sie wirke ich wohl wie ein Ausrufezeichen.

Ich kann mir gut vorstellen, dass auch die (Über-)LEBENSFREUDE wieder riesig wächst und sie in Großbuchstaben meine Seelen-Skyline dominiert. Am Ende der Chemo zum Beispiel, wenn die Haare wieder wachsen, oder wenn ich den ersten Tag ohne Gedanken an Krebs verbracht habe. So weit bin ich noch nicht, aber ich freu mich schon drauf …

29. August 2006

Alles bio, oder was?

Was haben »Ackerpille« (der flache Kohlkopf), rote Bete, Gemüsesäfte, »Beta sweet« (die lila Urkarotte), Bio-Tomaten, Bio-Paprika, Bio-Salat, Ingwer (selbstverständlich bio), Meeresfische (ist denn der Ozean auch bio?), Leinöl, Kräutertees, Mandeln und Nüsse gemeinsam? Sie bevölkern seit Neuestem meine Küche.

Nachdem mir der Appetit erst mal gründlich vergangen war und ich Essen nur noch als nötige Nahrungsaufnahme bei Hunger gesehen habe – ganz im Gegensatz zu meinem Vorher-Leben –, kam nach ein paar Wochen beruhigenderweise doch die alte Genussmenschin wieder durch: »Ich brauch was Leckeres zum Leben!«

Statt drei Mahlzeiten am Tag habe ich am Anfang meiner Krankheit Krebsliteratur und allerlei Ratgeberbücher verschlungen: »Was *isst* gut für mich und was *isst nicht* gut?«

Rotes, Gelbes, Oranges, Grünes – Ampelfood: gut. Omega-3-Fettsäuren: auch. Vitamin C, Selen, Betacarotin: ja. Fünf Mal am Tag eine Portion Obst oder Gemüse: ein Muss (»Portion« heißt eine Handvoll, hab ich aber erst ziemlich spät erfahren). Wurst: bäh, aber gut. Sauerkrautsaft: gut, aber bääh!

Vor den Glutamaten der Betriebskantine bin ich dank Krankschreibung erst mal sicher, aber auf jeder Packung, die man so kauft, steht was von Bindemitteln, Phosphaten, Konservierungsstoffen, Farbstoffen etc. – irgendwie alles krebserregend, oder? Große Verunsicherung. Man will sich ja nur Gutes tun, und mit der Ernährung kann das während der Chemotherapie humpelnde Immunsystem günstig beeinflusst werden. Wenn man eine Krankheit hat, deren Ursachen man nicht kennt und die sehr wohl auch umweltbedingt sein kann, macht einen das doch sensibel.

Aber nicht unbedingt konsequent: Auf den WM-Grillpartys von meinem Freund Nick wurde jede Menge potenziell Verdächtiges unter unschuldig-blauem Sommerhimmel gebrutzelt. Alles tabu laut Ratgeberbuch – und ich, ich wollte nach meiner OP einfach wieder dabei sein ... egal, ob mit fetten Schweinswürsteln oder Kotelett dunkelbraun.

Seit dem Endspiel und dem Anfang der Regenzeit gibt's keine Grilladen mehr, dafür Durchschnitts-Gesundes zu essen. Viel Buntes, Frisches aus dem Bio-Supermarkt – auf gespritztes Obst und Gemüse bin ich eh noch nie gestanden –, aber auch mal dicke »Pommes Schranke« auf die Hand, wenn ich grad Lust darauf habe. Seelenfutter! Ich esse, was mir schmeckt, und ich bin froh, dass es das tut.

Es gibt nämlich auch faden Maggi- oder Metallgeschmack im Mund als Nebenwirkung der Chemo. Hab ich Gott sei Dank (noch?) nicht. Toi, toi, toi! Diese Art »Geschmacklosigkeit« wäre schlimm für mich. Wenn meine Freunde mir was Gutes tun wollen, laden sie mich zum Essen ein, selbst gekocht. Auch ohne Ökozwiebeln und politisch korrekten Rucola ist der Unterhaltungswert des Abends auf jeden Fall gesund.

Griechischer Joghurt Vollfettstufe (total un-bio), Nougat-Schoki mit Milch von glücklichen Stallkühen, grobe Teewurst (aus eher unglücklichen Schweinen), Ginger Ale mit viel Industriezucker, »Fred Ferkel« (zehnmal besser als Gottschalks Gelatine-Langweiler), französischer Ziegenkäse (»völlisch glücklisch und fettisch!«), Baguette (blass und un-vollkorn), Tiefkühlpizza und Rotwein – das alles gibt es auch noch in meiner Küche.

Bon appétit!

5. September 2006

Körperkontakt

Gummiknie, müdes Hirn und Flatterbauch. Nach der Chemo muss ich mich zum Schreiben echt aufraffen. Schon toll, woran der Mensch sich so gewöhnen kann – selbst an Monsterinfusionen mit Zellgiften. Ich trotte immer mit sehr gemischten Gefühlen – und nicht alle sind schlecht – im Abstand von drei Wochen in die Tagesklinik. Es hat mittlerweile sogar was Vertrautes: Hier werden Sie geholfen!

Eigentlich denke ich ja immer noch, dass es mich nach vier Stunden Infusionen geradewegs wegbeamen müsste in eine andere Dimension, in der es mir überdimensional mies geht. So ist es aber nicht. Mein Körper hält viel mehr aus, als ich ihm zugetraut habe. Und meine Seele wohl auch. Dafür klopfe ich mir täglich auf die Schultern und fange an, mich langsam von der Enttäuschung der Krankheit zu erholen.

Ich war richtig sauer auf meinen Körper, dass er so etwas zulassen konnte – still und heimlich wächst da Krebs. Bei mir!!! Ich war doch immer gesund und stark, höchstens mal erkältet, und selbst dann noch am Arbeitsplatz, wenn tsunamiartige Grippewellen die Reihen der Kollegen stark ausgedünnt hatten. Was hat mein verflixtes Immunsystem denn da gemacht? Aber darauf gibt's keine Antwort, die postkarzinogene Ursachensuche hat mich nur wirr und traurig gemacht:

Ich habe mich immer ziemlich gesund ernährt, Stress hatte ich wie andere Menschen auch, ich habe Sport getrieben, war regelmäßig bei der Vorsorge, die ja eigentlich ganz pessimistisch Früherkennung heißt.

Gut, ich habe hin und wieder ein bisschen geraucht, zwischen zwanzig und dreißig vielleicht ein bisschen viel.

Okay, ich habe immer schlecht Nein sagen können.

Na ja, ich habe viele Trennungen erlitten, habe mir vieles vielleicht zu sehr zu Herzen genommen, das schon …

Allerdings habe ich gelesen, es gibt sie wohl doch nicht, die »Krebs-Persönlichkeit«. Menschen, die durch ihre Wesensart die Krankheit (mit-)auslösen können. Uff, danke! Also fange ich an meinen Körper wieder zu mögen, mich wohlzufühlen in ihm – trotz der neuen Narben, meiner Glatze (aber dafür sind die haarlosen Beine schön glatt und – wie mein schwuler griechischer Friseur Petros zum Trost sagte: »Babylein, no more bikini waxing!«), Zahnfleischbluten und der alltäglichen Schwächeleien, die mich andauernd an meinen Zustand erinnern. Dennoch: Mein Innenleben leistet viel. Vielleicht mehr als die Monate vor der Diagnose, als mein Immunsystem anscheinend ja ge-lazyboned hat.

In der ersten Nacht nach der Chemo summt es richtiggehend im Körper. Ich kann kaum schlafen, so rumort es in mir: Den Kampf in den Zellen glaube ich zu spüren, die körperliche Anstrengung der Verarbeitung einer solchen Attacke auf das gesamte System. Ein Riesenaufwand für ein paar eventuell versprengte bösartige Zellchen, aber da bei mir ein Sentinel befallen war, auch ein unvermeidlicher. So sehe ich das.

Manche Patientinnen scheuen vor dem Chemozirkus zurück, machen ihn nicht mit, sondern nur die Bestrahlungen. Und ich kann sie verstehen. Ich habe selbst gezögert und wäre am liebsten davongelaufen oder verreist. Das hab ich dann aber doch gelassen.

Langsam vertraue ich meinem Körper wieder mehr. Auch dank der Therapie, die er so gut erträgt. Er strengt sich an und ich mich auch. Wir gehören ja zusammen, seit 44 Jahren. Die kranke Kora und die frühere Kora werden langsam eine Einheit. Zur seelischen Unterstützung suche ich momentan eine Psychoonkologin. Eine Therapeutin, die viel Ahnung von Krebs und all seinen Begleiterscheinungen hat.

Ich bin zwar stark und zuversichtlich, aber manchmal sitze ich nur da, und die Tränen rollen einfach so. Ich finde, ich kann jede Hilfe und Unterstützung gebrauchen. Ich sammle mentale, vielleicht auch ein paar spirituelle Kräfte, um dem Körper zu helfen, gesund zu werden. Weil ich ihn ja wieder mag.

12. September 2006

Löckchen-Röckchen

Warum zahlen die Krankenkassen eigentlich bei einer Chemotherapie für eine Perücke und nicht wahlweise für supermodische Stiefel oder eine Jacke mit kuscheligem Fake-Fuchspelz an der Kapuze? So als Aufmunterung fürs erschütterte Selbstbewusstsein. Ich würde mich sofort für eine dieser Varianten entscheiden. Seit sechs Wochen habe ich eine Glatze und mich schon *fast* daran gewöhnt (haha!). Männer ohne Haare sehe ich überall, »mattenfrei« ist angesagt. Das war auch gut zu sehen bei den WM-Fußballern. Gute, alte »Vokuhila«, was wurde nur aus dir?

Frauen ohne Haare hingegen pflegen entweder irgendwelche obskuren Kulthandlungen und einen eher düsteren Lifestyle. Oder sie sind einfach – *krank!*

So richtig trendy ist der feminine Kahlkopf nicht.

Haare sind Schutzpelz, Schmuck, urweibliches Signal. Nach nur einer Chemo waren sie weg. Obwohl ich wusste, dass es passieren würde, hatte ich heimlich gehofft, als medizinische Sensation davonzukommen: »In derrr nächsten Abteilung – Koorra – die Frau mit den stärksten Haarwurzeln der Welt!« War wohl nix.

Jetzt muss ich mich jeden Morgen aufs Neue mit meinem Spiegelbild anfreunden. Selbst mit meiner ratzekurzen Löcherfrisur fand ich mich um Längen hübscher als mit Kahlschlag. Das ging aber nur eine Woche gut. Oft empfinde ich mich als totenschädelig und unweiblich. Hilfe! Ich kann mich nicht mehr hinter meinem Pony verstecken. Wo ich's doch wirklich manchmal so nötig hätte …

Eine Unverschämtheit dieser Krankheit und ihrer Therapie: Sie wird irgendwann offensichtlich. Man möchte nicht jedem seinen Zustand auf die Nase binden – und Menschen können sehr komisch gucken. Das geht mir manchmal so auf den Wecker, bald mehr als die Chemieduschen selbst.

Aber ich nehme meine Rest-Eitelkeit mal als Gradmesser für meinen Lebenswillen: Wer schon wieder eitel ist, der ist wohl mit der Todesangst fertig geworden, oder?

Eine Perücke will ich nicht, ich finde Tücher, Mützen, Schlauchbänder besser als so einen falschen Fiffi. Kann sein, dass ich meine Meinung bei Herbsttemperaturen noch ändere und eine Zweitfrisur (und wo ist die erste?) schätzen lerne. Aber ich glaube, sie macht mich eher traurig. Sie ist nicht ich.

Deswegen wäre ich ja für die selbstbestimmte Shoppingvariante. Das bin ich. Schöne Dinge lenken ab, und welche Frau geht nicht gern neue Klamotten kaufen? Einige meiner Sachen trage ich zur Glatze nicht mehr – zum Beispiel die meisten Röcke und Kleider. Ich finde, sie passen besser zu Haaren. Wenn schon unweiblich, dann mit Absicht. Also verändere ich mich auch äußerlich zu einer neuen, kämpferischen Frau. Innen geht sowieso der Punk ab, und außen mutiere ich stilmäßig zu einer Art Tank-Girl.

Ja, liebe BKK, und deswegen bräuchte ich dringend diese neuen, kniehohen Stiefel mit Schnallen – auf Rezept. Würden mir echt guttun ... Bis ich eine Antwort von Ihnen bekomme, halte ich mich an meinen Augenbrauen und Wimpern fest.

19. September 2006

Doping

jeglicher Art ist in meiner Situation wohl erlaubt. Bei all den giftigen Substanzen, die in meinem Körper rumschwirren. Leider vertrage ich Alkohol nur noch aus Fingerhüten, das *social smoking* ist mir am Tag der Diagnose endgültig vergangen (bin zur Zeit auch eher asozial). Ansonsten nur ein paar Vitamine und Enzyme ... Bleibt noch meine alte Lieblingsstimulanz: Musik. Rezeptfrei überall erhältlich. Legal und voller angenehmer Nebenwirkungen.

Schon als Kind bin ich zu ›Ob-La-Di, Ob-La-Da‹ (übrigens ein weiser nigerianischer Spruch, der so viel bedeutet wie »Es kommt, wie es kommt«) von den Beatles durch den eben erst populär gewordenen Supermarkt vor Freude gehüpft. Mit sieben Jahren war ich von Tom Jones' Lied über »Die Leila« begeistert, auch wenn ich vom Text nur ihren Namen und den falsch verstanden habe. (Erst Jahre später erkannte ich meinen Irrtum, ›My, my, my Delilah‹!) Als Teenie habe ich dann meine Kassetten direkt vom Radio aufgenommen, inklusive dem Reingequatsche des Moderators, der damals beim Bayerischen Rundfunk Thomas Gottschalk hieß. Später, während des Studiums, habe ich in Plattengeschäften gejobbt und fürs Musikhören sogar noch Geld bekommen. In den Mittagspausen habe ich mir immer Mixtapes gemacht, es gab ja alles! So wie heute bei iTunes, meinem jetzigen »Schlaraffenland«. Vor zwei Jahren habe ich dann angefangen, auf Partys von

Freunden als DJ die Leute zum Tanzen zu bringen. Dabei bin ich als CD- und Platten-Wechslerin immer noch aufgeregter als bei wichtigen Terminen in meinem Beruf.

Musik ist immer und alles.

Egal, ob peinlich laut singend im Auto, stundenlang auf irgendeiner Tanzfläche, im Konzert sich mit Tausenden Menschen zusammen die Beine in den Bauch zu stehen und die Ellbogen in die Rippen rammen zu lassen ... Bei mir passiert da was in der Biochemie, wenn mir Musik richtig gut gefällt, sie fließt durch mich durch (Infusion?) und gibt mir ein Glücksgefühl. Sie kann meine Stimmung sofort beeinflussen. Na, wenn das keine Droge ist?

Vor die unwahrscheinliche Wahl gestellt, ob ich lieber taub oder blind sein wollte, würde ich mich immer für die Ohren entscheiden, auch wenn ich gerne schöne Dinge sehe. (Soweit ich mich erinnern kann, hat mich aber keiner je gefragt, ob ich den Krebs oder lieber was anderes haben wollte ...)

Als klar war, dass ich ins Krankenhaus muss, habe ich mir den dicksten iPod geschenkt, um mit meinen gesammelten Wiedergabelisten gerüstet zu sein. Und dann das: Zu all den anderen Schocks kam noch der, dass ich, *egal*, was ich anhören wollte, sofort weinen musste! Die fröhlichen Songs von früher haben mich instant-traurig gemacht, und für jede getragene Ballade habe ich gleich mehrere Tempos gebraucht. Eher kontraproduktiv – also habe ich's gelassen. Ich hatte die Musik als Energiequelle verloren. Kalter Entzug.

In meiner anfänglichen Weltuntergangsstimmung war mir selbst das wurscht, aber ohne Melodie holpert mein Leben. Und die Wege sind momentan ungemütlich genug. (Damit hat mich auch der unüberhörbare Xavier Naidoo den Sommer über gequält.) Also habe ich mich nach Wochen der Abstinenz doch wieder getraut, etwas Neues zu hören, das mich nicht an vorher erinnern konnte. Der Soft-Trompete Till Brönner gebührt jetzt die Ehre meiner ersten tränenfrei durchgehörten CD. Irgendwie hat er den richtigen Ton getroffen, und seither kann ich mich wieder mit Musik auffüllen ... und vielleicht spare ich mir ja die in Aussicht gestellten Epo-Spritzen, die die Radprofis zum

Doping verwenden. Die wären nur nötig, wenn die roten Blutkörperchen nicht mehr richtig grooven.

Hier eine Playlist mit einigen *all time favorites* für gute Laune.

Ob-La-Di, Ob-La-Da – The Beatles
Mr. Blue Sky – Electric Light Orchestra
Aurélie – Wir sind Helden
Fake – Simply Red
Lovely Day – Bill Withers
Powerless – Nelly Furtado
Beyond the Sea – Bobby Darin
Shout to the Top – The Style Council
There She Goes – The La's
Every Breath You Take – The Police
Charmed Life – The Divine Comedy
Dedicated Follower of Fashion – The Kinks

27. September 2006

(Sch)Weinerei

Leider bin ich halt doch kein Übermensch. War ja auch nicht wirklich zu erwarten. Gerade lief's noch so gut, und jetzt haben mich die berüchtigten Nebenwirkungen im Griff, und ich bin ein bisschen flachgelegen. Am letzten Donnerstag war meine vierte Chemo (hey, immerhin: die 4. – die vierte – DIE VIERTE!!!), und die hat wieder alle Körperchen erwischt: die weißen, die roten und meinen Magen-Darm-Trakt.

Die letzten Tage habe ich mich *so richtig* schwach gefühlt. Dabei wollte ich doch immer stark und tapfer sein. Aber vorgestern und gestern war ich nicht mal vor der Tür. Ich will nicht ins unerfreuliche Detail gehen, aber dem Erfinder des feuchten Klopapiers gebührt diese Woche mein besonderer Dank. Medikamente gegen Übelkeit und

Darmsausen habe ich jede Menge, aber so richtig geholfen haben die nicht. Matschigkeit ist mein ständiger Begleiter. Bäh – geh weg!

Und da der Mensch ja eine Einheit von Körper und Seele ist, muss einem nur ein paar Tage schlecht sein, bis auch die mentale Kraft nachlässt, und dann sind sie wieder da: die salzigen Flüsse. Ich habe in letzter Zeit nur noch wenig geweint, nachdem ich im Krankenhaus noch alles unter Wasser gesetzt hatte. Aber der Pegel scheint wieder gestiegen zu sein, viele Dinge treiben mir die Tränen in die Augen: Liebe, Unsensibilität, Todesanzeigen von Leuten, die ich nicht kenne, die aber jünger sind als ich, Musik, meine Glatze fühlen, Ängste, alte Fotos, die Anteilnahme mancher Menschen und die Ignoranz mancher anderer.

Am Anfang war mir das noch peinlich, und ich habe versucht, mit verzerrtem Gesicht tapfer oder cool oder so als ob zu wirken. Seit einem Heulkrampf mit Löcherfrisur in einer In-Bar nehme ich akute Tränen, wo und wie sie kommen. Da meine Wimpern mittlerweile doch leise Servus gesagt haben, bleibt nur wenig Mascara-Drama zu beseitigen, und hinterher fühle ich mich eigentlich immer besser. Gute alte Biochemie – da wird ausgeschwemmt, was sowieso weg sollte.

Besonders aufpassen muss ich bei Filmen. Mir kommt vor, es gibt kaum mehr eine Geschichte, wo nicht eine/r Krebs hat und/oder stirbt – von Almodóvar bis ins bayerische Oberland. Macht sich gut im Drehbuch, da sind tragische Schicksale gefragt. Aber was auffällt: Man sieht nur die schönen Bilder und hört die dramatischen Dialoge, der staubige, einsame Alltag einer Krankheit mit allerlei Unpässlichkeiten, der kommt nicht vor. Das wäre dann Überlänge.

Kino jedenfalls beweist: Glatzen sind trendy! In ›Das Parfum‹ kommen mindestens zehn vor. All die armen Opfer des verrückten Parfümeurs mussten ihre Haare lassen und lagen dann rasiert malerisch in der provenzalischen Kulisse rum. Ein toller Film, völlig krankheitsfrei, wenn man mal vom Geisteszustand der Hauptperson absieht. Meine Karte hat nur fünf Euro gekostet, weil ich zum ersten Mal meinen Schwerbehindertenausweis (Gibt es denn kein anderes Wort als *behindert*?) benutzt habe. Was man hat, hat man, oder? Ein komisches

Gefühl war es trotzdem, als die Kassendame erst mein Passbild und dann mich gemustert hat.

Zeit ist kostbar. Schade drum, sie mit Leerlauf-Tagen zu verschwenden, da kommen mir vor Wut gleich wieder Tränen. Aber vielleicht ist sie ja gar nicht vergeudet? Nicht reinsteigern, nicht abtauchen im Selbstmitleid. Das macht schwach.

Dann besser stark heulen – und gut Nase putzen.

4. Oktober 2006

Kopf oder Zahl – oder Bauch?

Informationen noch und nöcher. Man kann so unheimlich viel über die Krankheit nachlesen, in Broschüren, im Internet, in Büchern, die in Buchgeschäften in eigenen Krebs-Regalen stehen. Auch Sachen, die man nie wissen wollte! Möglicherweise Belastendes lese ich schon lange nicht mehr. Was am allermeisten nervt, sind die Prozentzahlen. Dazu muss ich kurz erwähnen, dass mich Mathematik, Rechnen, Algebra, Gleichungen, Formeln oder Ähnliches, noch nie interessiert hat. Ich habe in Mathe eine glatte Fünf im Fachabitur geschrieben. Wer also will wissen, welche durchschnittliche Lebenserwartung eine Unter-Fünfzigjährige mit braunen Haaren (wenn sie denn noch da wären, wo sie hingehören) mit früh erkanntem Tumor, einem befallenen Sentinel, mit xyz-Rezeptoren nach abgeschlossener Chemotherapie statistisch hat?

Ich nicht.

Jeder Mensch ist ein Individuum. Jeder Körper, jede Vorgeschichte, jede Energie ist anders. Ich rechne mir doch nicht mein Leben aus.

Kennt mich denn die Statistik? »Guten Tag, ich bin die Krebsstatistik, darf ich Sie mal kurz mit ein paar Fragen verunsichern und Ihnen dann einen Prozentwert als zusätzliche Belastung um den Hals hängen?« – »Ach nö, lieber nicht.«

Mühlstein-Colliers sind gerade ohnehin nicht en vogue. Ich mag nicht zu irgendwelchen Zahlengruppen gehören, die womöglich Arschkarten gezogen haben. Natürlich nur rein statistisch.

Statistisch gesehen ist es übrigens ungefährlicher, volltrunken mit dem Auto nach Hause zu fahren, als zu Fuß zu gehen. Das Verletzungsrisiko ist geringer. Also zumindest für den Menschen im Auto und wenn er nicht gerade andere Passanten auf die Hörner nimmt. Oh, du wunderbare Welt der Zahlen.

Schon von Anfang an, gleich nach der Diagnose, habe ich mich oft auf mein Bauchgefühl verlassen müssen. Was wusste ich über Krebs? Fast nichts. Und von dem, was die Ärzte mir gesagt haben, konnte ich mir nicht viel merken. All diese vielen Werte, Kürzel und Fachbegriffe, mein Kopf hat ziemlich schnell einfach abgeschaltet. Total irre, ich konnte mich schon nach zehn Minuten nicht mehr an die einfachsten Sachen erinnern: Wie viele Lymphknoten? Wie viele Zyklen hat die Chemo? Wie heißt die Krankenschwester? Ich vermutete schon ein ganz besonders tragischer Fall zu sein, weil ich zeitgleich mit Brustkrebs auch noch Alzheimer bekommen habe. Inzwischen weiß ich, dass das eine Schutzreaktion ist. Zu viel Wissen erträgt man einfach nicht. Da schaltet das Hirn die Aircondition ein.

Aber der Bauch arbeitet noch weiter. Bei all der Angst bekommt er zwar Schiss, wie es so treffend heißt, aber zum Beispiel unterscheidet er gute Ärzte und miese Geschäftemacher im Kittel – wie den, der mir zynisch »bei Ihrer Diagnose dann noch viel Glück« zum Abschied gewünscht hat, als ich nach zwei Besuchen und einer Monsterrechnung auf sein diffuses Immunmonitoring verzichtet habe. Wie heißt es bei Karl Kraus: Die Medizin – Geld her *und* Leben!

Es gibt 1001 alternative Möglichkeiten, die man neben der Schulmedizin nutzen könnte. Aber welche? Ich will alles ausschöpfen – zwischen Heilung und Humbug. Mannomann, das kann der Kopf gar nicht entscheiden, mit Logik und Nachweis der Wirksamkeit tut er sich da schwer. Also gibt's jetzt einen Mix à la Intuition: Chemo nach Onkologenart, Shiatsu und Meditation fürs Qi. Misteln, Noni, Enzymspritzen und Aprikosenkerne habe ich aussortiert.

Auch beim Yoga und in der TCM (aus China, *nicht* bei Tchibo) gibt's noch viel zu entdecken. Hundertprozentig, sagt der Bauch.

10. Oktober 2006

Dicke, dünne, alte, neue, falsche Freunde

»Menschen sind wie Ratten, die halten alles aus.« Dieser wohlmeinende Trost einer Patientin im Aufzug zur Tagesklinik hat mich irgendwie aufgemuntert. »Das ist nur eine Episode in deinem Leben«, meinte ein alter Freund. Geschmacklich leicht danebengegangen hingegen ein anderer: »Na ja, irgendwann ist da der Anfang vom Ende« (habe ich mir schon bei meiner Geburt damals gedacht, haha!). Die menschliche Bandbreite zwischen Mitleid, Anteilnahme, missglückten Kommentaren und schlauen Sprüchen ist groß. Man ist ja vor nichts sicher zwischen Nord- und Südpol.

Ich liebe sie, die Leute, die sich kümmern, anrufen, vorbeikommen, mailen, die sich für mich interessieren – auch wenn ich ein schlappes Huhn ohne Federn bin, mit dem momentan nur noch ab und zu was los ist: meine Freunde.

Unsicherheit, wie man mit mir jetzt umgehen soll: Um mich in Watte oder in Luftpolsterfolie zu packen, bin ich zu stark. Wenn ich öffentlich in meinen Kaffee heule, bin ich zu schwach. Wenn ich gerade aussehe wie offensichtlich *nicht* aus dem Siechenbett gefallen und auch noch lache, wird's gleich entspannter. Ich liebe Ironie und kleine Frechheiten. Da halte ich's mit Oscar Wilde: »Lieber einen guten Freund verloren, als auf ein Bonmot verzichtet.« Also, im Prinzip. Wirklich geschafft habe ich das Gott sei Dank noch nicht. In der Tagesklinik komme ich mittlerweile während der Chemo ins Zweierzimmer – weil ich selbst während einer Epirubicin-Infusion noch lachen kann. Das ist dann doch too much für die anderen Patienten in der Großraum-Füllstation, dort schauen die meisten recht zweierlei drein. Aber sie haben eben kein Buch von Max Goldt dabei und auch nicht meine Freundin Jule, die, während die gruselige orangefarbige Flüssigkeit in mich reinläuft, sagt: »Hey, sauf deinen Aperol sour nicht so schnell!«

Wer Menschen kennt, die einen freiwillig zum Onkologen begleiten, der ist zwar einerseits kein Glückskind, aber doch zu beneiden. Freunde, wenn ihr wüsstet, wie viel mir jede Geste bedeutet, wie viel mir euer Trost bringt – ihr würdet euch auf die eigenen Schultern klopfen.

Das tue ich jetzt mal hiermit: DANKE – für eure formidablen Abendessen, Ausflüge, Ärzteempfehlungen, Haarschnitte, offenen Ohren zum Reinjammern, Tücher, Bücher, CDs, Klatschstorys, Zeit, Blumen, Massagen etc. – alles sehr willkommen!

Auch manche Freunde aus meiner biographischen Kreidezeit, die schon weit weg schienen, sind plötzlich wieder aufgetaucht. Woher wissen sie überhaupt, wie es mir ergangen ist? Keine Ahnung. Sie melden sich, und wir nehmen den Faden dort auf, wo er vor Jahren irgendwann liegen geblieben ist. Eine »unmögliche« Diagnose und der Schock, sich mit der eigenen Endlichkeit auseinandersetzen zu müssen, machen's möglich. Ich freu mich, weil ich beim gemeinsamen Rauskramen von Uraltgeschichten merke, wie viel Spaß im Leben ich schon hatte. Es ist beruhigend, viel erlebt zu haben.

Manche Leute wiederum schenken weder Kuchen noch Aufmerksamkeit. Manche, die wissen, was los ist, haben sich bis heute nicht gemeldet. Das schmerzt mehr als kaputte Mundschleimhaut. Sind sie unsicher oder bequeme Egoisten? Oder waren sie nie Freunde – falsche Freunde also? Als Ausgleich gibt es aber auch Neuerscheinungen in meinem Leben, Menschen, die ich eigentlich gar nicht gut kannte und die sich als ritterliche Helfer in der Not herausgestellt haben.

Wohin die Winde wehen, wenn auch die Augenbrauen gehen – Hauptsache, die Freunde bleiben.

P. S. Hallo, Familie! Nicht traurig sein, ich hab euch nicht vergessen. Ihr seid die Allerbesten. Die Helden mit den dicksten Goldrahmen in meiner persönlichen *hall of fame*. Ohne euch könnte ich nicht so kämpfen!

18. Oktober 2006

Neues aus der Achselhöhle

Es tut sich was. Nicht nur, dass ich nach vier Infusionen mittlerweile beim zweiten Schema meiner Chemotherapie angelangt bin, beim Paclitaxel, einem Einzelwirkstoff, der aus den giftigen Nadeln der Eibe gewonnen wird (mit ein bisschen Fantasie also fast ein Naturheilmittel ist) – bye bye, ihr drei FEC-Flaschen –, auch meine Nerven haben sich zurückgemeldet. Die in der Achselhöhle und am Oberarm. Vor lauter Tumorpanik war mir nicht ganz klar, dass es ziemliche Einschränkungen am Arm der operierten Brustseite geben kann.

Leider haben mich etliche Lymphknoten verlassen, eigentlich sogar eine Menge. Und eigentlich umsonst, Gott sei Dank. Über die hohe Anzahl solle ich nicht erschrecken, meinte mein Operateur, sein Labor hätte supergründlich noch das kleinste Knötchen aus den Präparaten rausgepusselt. Ich wusste vorher nicht mal, dass ein Mensch überhaupt so viele hat und dass es so etwas wie ein Lymphödem gibt.

Da meine Arme eher wie Makkaroni aussehen, mich jede Eintagsfliege auch noch spätnachmittags locker beim Armdrücken besiegen könnte, hatte ich also Bedenken, ob nicht bald eine dicke Wurst von meiner Schulter baumeln würde. Von meiner rechten!

Der Arm blieb aber dünn, vielleicht auch weil ich regelmäßig zur Drainage gehe. Gar nichts ist passiert, außer dass ich eine seltsame, wie aus Holz geschnitzte Achselhöhle morgens mit Deo versorge. Der operierte Bereich und die Armrückseite waren ebenfalls beleidigt. Seit ein paar Tagen kommt jetzt das Gefühl zurück, und ich muss sagen, ohne Nervenschmerzen war's auch ganz schön. Ohnehin wird man gleich ein bisschen panisch, wenn's am Busen wehtut. Trotzdem wunderbar, dass sich der Körper wieder regeneriert. Bislang ging es für mich seit Monaten nur bergab – Haarausfall, Narben, Magen-Darm-Probleme. Irgendwie bräuchte ich jetzt mal ein kleines Licht am Ende des Tunnels! Ich weiß, dass andere Betroffene zum Teil viel schwierigere, längere Behandlungen haben, aber die sind vermutlich nicht so ungeduldig wie ich. Und richtig kurz ist meine Therapie ja auch nicht.

Meine neue Chemo geht acht Wochen lang. Dann ist das Kapitel auch abgehakt. Zusätzlich bekomme ich ab jetzt auch das Herceptin, einen innovativen Antikörper, der bei positivem HER-2- Rezeptor an eventuell noch vorhandene Krebszellen andocken kann, um deren erneutes Wachstum zu blockieren. Dafür hat er dann ein Jahr Zeit – dreiwöchentliche Infusionen, bis Oktober 2007. Aber die Nebenwirkungen beeinträchtigen einen bei Weitem nicht so wie bei einer Chemo.

Erst mal freue ich mich auf Weihnachten und eine Verschnaufpause! Im neuen Jahr geht's dann auch noch zur Bestrahlung, in ein Krankenhaus am anderen Ende der Stadt (... ich würde mich lieber von der australischen Sonne am anderen Ende der Welt bestrahlen lassen!). Will nicht meckern – diese Krankheit lässt einen rumkommen, und neue Menschen lernt man dabei auch kennen.

Meine Haare haben sich übrigens überlegt wiederzukommen. Momentan sehe ich zwar noch aus wie ein beflaumtes Küken, aber die Hautkappe ist weg! Und das mitten in der Chemo. Doll. Von den Tüchern gehe ich gerade zur Mützenkollektion Herbst/Winter über. Es wird kalt an der Birne. Wie Männer das aushalten? Manche coolen Kahlköpfe haben mir gestanden, dass sie auch frieren. Manchmal aus Eitelkeit.

Letzte Woche war ich zum ersten Mal wieder in einem Popkonzert. Ich habe es geschafft mitzuklatschen (über Kopf, hey!), lässig passiv zu rauchen (ohne irgendwann umzukippen) und keine der 185 Erkältungen, die im Saal rumschwirrten, aufzuschnappen. Überraschung: Alle um mich herum husten und rotzen, und ich habe nichts – außer meinen ollen Nebenwirkungen. Toi, toi, toi, das wird die nächsten Wochen beim allwinterlichen Bazillenslalom noch spannend. Ich werde ihnen nicht ganz aus dem Weg gehen können, aber bevor ich mich zu Hause mopse, mache ich lieber den Michael Jackson mit Mundschutz.

Ein ebenfalls an Krebs erkrankter Bekannter hat mir erzählt, dass man sich mit einem Portkatheter im Auto nicht anschnallen *muss*. Aber was ist gefährlicher? Durch die Windschutzscheibe zu fliegen oder das Ding zu zerdrücken? Den Portausweis sollte man deshalb immer dabeihaben – oder würde notfalls ein Polizistenblick in den Ausschnitt genügen, falls man den vergessen hat? Zusammen mit der Schwerbehindertennummer im Kino und im Winterfreibad, den Heizkosten, die ich durch die Hitzewallungen spare, ganz neue Erfahrungen. Wie gesagt, ich freue mich auf Weihnachten. Vielleicht bastle ich mir morgen einen Voradventskalender mit 44 Türchen. Im Dezember ist die Chemo gelaufen. Lebkuchen gibt's auch schon überall.

24. Oktober 2006

Mammo mio!

Letzte Woche habe ich einen Artikel zum Thema Screening-Programme bei Brustkrebs gelesen. Bei der Auswertung der Daten von 2000 Frauen hat sich herausgestellt, dass bei dieser Form der Reihenuntersuchung etliche krankhafte Veränderungen der Brust therapiert werden, die selbst unentdeckt ungefährlich geblieben wären.

Der Schaden würde sogar den Nutzen überwiegen: »Nicht nötige« Chemotherapien und Bestrahlungen, bis hin zu unnötigen Brustamputationen bei langsam wachsenden Krebsformen oder Krebsvorstufen, seien die Folge. Überdiagnose und Übertherapie wird das genannt.

Hier fragt sich der betroffene Laie: Kann man das wirklich mit Gewissheit sagen? Dass es nicht nötig ist? Ungefährlich bleibt?

Kritiker beklagen zudem, dass viele Frauen die schlimmste Zeit ihres Lebens hätten, bis sich der bei einem Screening zufällig gefundene Schatten als harmlos erweist. (Und sie daraufhin hoffentlich *nicht* übertherapiert werden!)

Ich wäre selbst nach meiner OP noch über eine Fehldiagnose erleichtert gewesen und hätte sie den Ärzten nicht wirklich übel genommen. Sorry, die schlimmste Zeit ihres Lebens haben Frauen, wenn bei ihnen, zufällig oder nicht, ein Tumor diagnostiziert wird und die Pathologie den Verdacht auf Krebs eindeutig bestätigt.

Da wären wir wieder bei meinem Lieblingsthema Statistik. Von den 2000 Frauen, die regelmäßig zur Mammographie gehen, profitiert nur eine der Betroffenen und hat innerhalb einer Zehn-Jahres-Frist eine größere Überlebenschance!

Klingt auch unglaublich. Aber ist schön für sie.

Die anderen 1999 haben die Arschkarte, ihre Untersuchung bringt möglicherweise ein unklares Ergebnis, das sie verunsichert, oder zeigt eine Krebsvorstufe an. Sie müssen weiterhin behandelt oder regelmäßig untersucht werden. Na und?

Immer noch besser, als wenn sie irgendwann mal, viel zu spät, zu ihrem vielleicht etwas blauäugigen Frauenarzt gehen. Der dann möglicherweise, wie in meinem Fall, nicht erkennt, dass es hier um die Wurst geht.

Viele Frauen über vierzig in meinem Bekanntenkreis waren noch nie bei einer Mammographie. (In diesem Sommer habe ich allerdings einen Run auf die Radiologiepraxen ausgelöst.)

Ich selbst war vor dem Tag X schon zweimal freiwillig beim Radiologen. Ich habe zwei Freundinnen an Brustkrebs sterben sehen. Das ist heute die schwerste Hypothek für meine eigene Prognose. Damals habe ich kapiert: Es sind nicht immer *die anderen*. Jede kann es treffen! Mich kann es auch treffen! Und wenn es etwas gibt, das ich dagegen tun kann, tue ich es.

Es gibt nicht immer ein Happy End – aber vielleicht habe ich mein Leben zwei (Schutz-)Engeln zu verdanken.

31. Oktober 2006

Heiß und kalt

Morgens im Bett gibt es diesen wunderbaren Moment zwischen Schlafen und Wachen, da habe ich's »vergessen«. Ich tauche langsam auf in mein Bewusstsein, und plötzlich fällt es mir wieder ein: Ich hatte ja Krebs! Aus psychologischen Gründen benutze ich nur die Vergangenheitsform – den Tumor habe ich ja auch nicht mehr, der liegt in einer Schublade in Berlin und kann nix mehr anstellen.

Aber die Erkenntnis, dass nichts mehr so ist, wie es war, wiegt schwer.

»Die erträgliche Schwere des Seins«. Denn irgendwie erträgt der Mensch doch einiges.

Zuerst meint man, die Diagnose bringe einen augenblicklich um, die Luft bleibt einem weg, der Kopf ist völlig leer. Dann lebt man einfach weiter – mit Übelkeit, Herzrasen, Weinkrämpfen, Frieren im Sommer. Diese Körperreaktionen haben aber schon nach zwei bis drei Wochen wieder aufgehört. Das Überlebenstier in einem checkt die Lage ab.

Die Gefühle werden kristallklar. Die kalte Angst genauso wie die warme Freude über eine mitfühlende Geste. Heiß und kalt wird's mir sowieso andauernd, das liegt an der Chemotherapie und ihren Nebenwirkungen. So bekomme ich ab und zu kurzfristig eine rote Birne, dafür fühlt sich die Entspannung bei meiner Zehn-Minuten-Meditation (länger schaff ich's leider immer noch nicht) dunkelblau im Bauch an.

Wenn es eine besondere Krebsqualität gibt – ich versuche ja, das Positive zu sehen –, dann liegt sie für mich darin, dass alle guten Gefühle irgendwie intensiver werden und die vielen täglichen Nervereien mich weniger berühren. Klar, man ist mal empfindlich, manchmal irritiert mich schon ein dummer Blick aufs Kopftuch. Aber nur kurz. Ist nicht wichtig. Wichtig ist zum Beispiel Humor. Was man sich als Nichtbetroffener schwer vorstellen kann: Während der stundenlangen Chemos gibt's auch was zum Lachen … Und in einer Tagesklinik lächeln einem mehr Menschen zu als in der U-Bahn. Warum freuen sich die Muffköppe dort nicht einfach mal darüber, dass sie gesund sind?

Die Unterstützung, die ich von Freunden, Familie, Ärzten, Kollegen bekomme, fühlt sich an wie eine warme Badewanne, in der ich mich vom Dauerstress ausruhen kann. Irgendwo tief drinnen in mir brummt er nämlich leise vor sich hin, mein Angst-Motor. Der ist einfach da, den kann ich nie ganz abstellen, aber gleichzeitig werde ich auch stärker. So ein Motor treibt schließlich an.

Mittlerweile gibt es wieder Momente, die ich total genießen kann. Die ich vielleicht nur wegen der Krankheit genau so erlebe. Diese Momente sind wichtiger als die geplanten Events und der wieder routinierte Alltag (den langsam zurückzuerobern tut aber auch gut). Letzte Woche hatte ich bei einem Spaziergang einen richtigen Farbflash vom cyanblauen Himmel und feuerfarbigen Herbstlaub. Durch die Augen rein, mitten in die Seele. Das Leben ist schön. Da kommt sogar ein bisschen Euphorie auf, hurra! Die gab's lange nicht.

Aber jetzt, wo mir langsam eine Babyfrisur wächst und ich nur noch 31 Schokolädchen in meinem Chemo-Adventskalender habe, wächst die Zuversicht. Ich bekomme wieder ein Gefühl für eine unbeschwerte Zukunft. Luftig hellgrün.

7. November 2006

Koras Lexikon, Teil 1

A

Alltag, der. Manchmal graue Zeitdauer von 24 Stunden. Der A. will regelmäßig bewältigt werden und wird unter normalen Lebensumständen als eher unattraktiv wahrgenommen. Findet der A. schicksalsbedingt über Wochen und Monate nicht mehr statt, wird er wieder zu einem erstrebenswerten Zustand.

B

Brust, die. Sekundäres weibliches Geschlechtsorgan. Auch Busen genannt, der zudem das Tal zwischen den zwei Brüsten bezeichnet. Die B. ist sowohl Objekt des sexuellen Interesses als auch Quelle mütterlicher Fürsorge. Bei einer Tumorerkrankung der B. wird die Frau in ihrem urweiblichen Selbstbild stark erschüttert. Der Weg zur liebevollen Akzeptanz der betroffenen B. ist schwierig und sollte von den sogenannten »Busenfreunden«, den Männern, unterstützt werden.

C

Chemotherapie, die. Mirakulöse, oft unvermeidliche Holzhammermethode, um eventuell verirrte Krebszellen im Körper aufzuspüren und zu vernichten. Allein schon die Erwähnung des Begriffs der C. kann Nebenwirkungen wie Angst, Übelkeit, Herzrasen hervorrufen. Ihre C. wurde von der australischen Sängerin Kylie Minogue sehr bildhaft als »Teilnahme an einer Atomexplosion« beschrieben.

D

Durchhalteparole, die. Rezeptfreies Kommando an die eigene Adresse, sich nicht unterkriegen zu lassen. Sollte, wenn nötig, täglich angewandt werden. Die D. kann auch von engagierten Mitmenschen ausgegeben werden.

E

Egoismus, der. Gesundes Selbstgefühl in einer kranken Lebensphase. Überlebenswichtige Charaktereigenschaft, die bei Frauen eher wenig verbreitet ist. Egoistisches Verhalten sollte spätestens dann trainiert werden, wenn man Lebenskraft aus sich selbst schöpfen muss.

F

Freunde, die. Rare Spezies von treuen Wegbegleitern, denen es egal ist, ob man zeitweise ein käsiger, schlapper Schatten seiner selbst ist. Mit echten F. kann man nicht nur lachen, sondern auch weinen. F. findet man nicht zufällig, man muss sie sich verdienen. Man hat schon von F. berichtet, die über eine Entfernung von mehr als 16000 Kilometern helfen konnten.

G

Glück, das. Warmes Bauchgefühl, dem wir ständig hinterherlaufen. Die Suche nach dem großen G. wird oftmals zur Lebensaufgabe. Das G. wird symbolisch häufig mit Schweinen, Schornsteinfegern und Hufeisen in Verbindung gebracht – kann aber auch in Form eines simplen Latte macchiato in der Sonne auftreten. Das kleine G. wird oft unterschätzt, erlangt jedoch in schwierigen Situationen große Bedeutung (»G. im Un-G.«).

H

Hitzewallungen, die. Feuchte Begleiterscheinung einer Chemo- und Antihormontherapie. Die H. treten immer im Plural und zu unpassender Gelegenheit auf. Sie zeigen sich in einem roten Kopf (peinlich) und akuten Schweißausbrüchen (noch peinlicher). H. sind eine lästige Körperreaktion, die auch bei gesunden Frauen während des Klimakteriums auftreten können (tröstlich!).

I

Ideale, die. Große Gedanken, die nach Möglichkeit hochgehalten werden. Die I. sind normalerweise erschütterungsresistent und wasserfest. Sie können deshalb bei Gegenwind des Schicksals und starken Verunsicherungen auch mal kurzfristig über Bord gehen, ohne Schaden zu nehmen (den Einsatz einer Fangleine nicht vergessen).

14. November 2006

Que sera, sera

Nach dem heißen deutschen Märchensommer, der für mich eher ein Albtraum war, ist nun die Kälte eingekehrt. Und das Beste am Winter? Das ist die Mütze. Eigentlich wollte ich mal einen Versuch mit einer Perücke starten, aber statt fürs Zweithaar habe ich mich doch für die Dritt- und Viertmütze entschieden. Seitdem die Temperaturen im einstelligen Bereich gelandet sind, gibt es dieses neue Gemeinschaftsgefühl: Endlich bin ich Wollkopp unter Wollköppen. Auch Indoor-Kopfbedeckung ist mega-angesagt. Schluss mit neidvollen Blicken auf wehendes Blondhaar in Cabrios und die ewigen Frisurentipps in Zeitschriften.

Es tut sich was bei den Jahreszeiten, und auch bei mir scheint endlich was voranzugehen. Nach meiner Diagnose und der OP erschien mir meine Zeit wie gelähmt, alles kam mir ewig vor: (Krankenhaus-)Zimmer mit Aussicht auf ein (Zeit-)Meer monatelanger Therapien. Horizont nicht in Sicht.

»Je älter man wird, desto schneller vergeht die Zeit.« Hat mein Opa immer gesagt. Dabei wurde er 93. Dieser Lebensweisheit habe ich gründlich ein Schnippchen geschlagen und meine Chemowochen ganz »bewusst« erlebt. Aber irgendwie ist es trotzdem November geworden.

Letzte Woche sind meine Leukos nicht pünktlich zum Zählappell angetreten, die faulen Säcke. Nur 1600 haben's geschafft. Zu wenige für eine neue Infusion, ich »durfte« wieder heimgehen. Jetzt muss ich eine Ehrenrunde von einer Woche dranhängen. Dabei bin ich schon im Endspurt – noch vier Mal, dann habe ich auch dieses Schema durch, dann ist Weihnachten, dann ist Neujahr, dann ist Chemo Vergangenheit, dann ...

Ich ertappe mich, dass ich öfter mal versuche, mir vorzustellen, was wohl in einem Jahr sein wird. Wie es mir dann geht, was ich mache, wie ich aussehe. Das traue ich mich wieder.

So viele gruselige Gedanken musste ich denken, Unvorstellbares erfassen. Überlegungen über die Endlichkeit, die darin gipfelten, dass meine weitere Lebenserwartung vielleicht nicht höher ist als die meines fast neuen Autos. Also – erst mal nur mit kleineren Wundern rechnen: ein paar Haare auf dem Kopf, mal keinen Durchfall haben und einen ganzen Tag lang nicht an Krebs denken (Dieses Ereignis werde ich dann fett rot im Kalender markieren!).

Eher Fernziele sind: mehrfacher Gewinn der Tour de France, Fortsetzung meiner Welttournee, erfolgreiche Teilnahme am New-York-Marathon.

Ich hoffe einerseits sehr, dass ich in einem Jahr wieder die »alte« Kora bin, und andererseits, dass die Erfahrungen dieses Jahres mich zu einer »neuen« Kora machen. Dass ich aus der Krankheit Konsequenzen ziehen kann, die mich und mein Leben bereichern, dabei hilft mir ab jetzt eine Psychoonkologin, die zu mir passt, die ich erst nach langer Suche gefunden habe. Psychotherapie zahlt die Kasse. Die Gelegenheit werde ich zum Anlass nehmen, mit ein paar lästigen Eigenschaften aufzuräumen, die ich sowieso nie so richtig an mir gemocht habe.

Auf manche Bereicherungen könnte ich aber gut verzichten: zum Beispiel auf das Damoklesschwert der angstbeladenen Nachuntersuchungen, das jahrelang noch über mir baumeln wird!

Ich gehöre nicht zu den Leuten, die sagen, dass sie dankbar für ihren Krebs sind, weil er ihnen die Augen für eine Neuorientierung geöffnet hat. So schlecht war mein Leben vorher nicht. Manche Dinge passieren einfach, und wir wissen nicht, warum – wusste schon Doris Day.

22. November 2006

Koras Lexikon, Teil 2

J

jeder. Du, ich, der eine oder die andere. J. hat eine Chance auf ein glückliches Leben (siehe G wie Glück), aber es besteht auch die Möglichkeit einer schweren Erkrankung. Das Schicksal ist ein Luftballonverkäufer, aber es ist nicht immer alles leicht und bunt. J. muss mit seinen

Problemen und seinem Leben klarkommen. Nicht j. kann das immer alleine. J. braucht mal Hilfe.

K

Koralle, die. Im Meer lebendes Blumentierchen, das sich durch das Herausfiltern von Plankton aus dem Wasser ernährt. Die Stein-K. bildet ein Skelett aus Kalk. Im Zentrum meines Tumors wurde Mikrokalk als Verursacher gefunden. Etwas Ähnliches wie eine K. gehabt zu haben, gefällt mir besser als das andere K-Wort.

L

Lust, die. Äußerst angenehme Gefühlsregung, die von sexuellen oder intellektuell erfreulichen (»lust-igen«) Tätigkeiten oder Vorstellungen hervorgerufen wird. Die L. in exzessiver Ausprägung ist eine der sieben hormonrezeptor-positiven Todsünden und spielt in der Erotik eine wichtige Rolle (»Hast du L.?«). Diagnoseschock und Krebstherapien wirken äußerst l.-feindlich und können zu zeitweiligem Ver-L. an Lebensfreude führen.

M

Mutter, die (auch Mutti, Mama, Mami …). Weiblicher Elternteil, der uns geboren hat. Jeder Mensch hat eine M. Im Normalfall ist eine M. immer auch eine starke Hausapotheke, bei Frustrationen, Krankheit und innerem Schweinehund wird sie von ihren Kindern gerne konsultiert, oft bis ins Erwachsenenalter. (Legendär das Sprichwort: »Vorsicht ist die M. der Porzellankiste.«) Die M. ist unverzichtbar.

N

Nebenwirkungen, die. Mein persönliches Unwort des Jahres. Unerwünschte psychische und physische Ausfallerscheinungen im Zuge einer Krebstherapie, die auf tennisplatzgroßen Beipackzetteln angedroht werden. Typische N. sind zum Beispiel Flöhe husten hören, Magen-Darm-Vollwaschgang bei Körpertemperaturen bis zu 40 Grad plus Turboschleudern, Angstzustände, bad hair days, no hair days, Frieren im Sommer, Schwitzen im Sommer *und* Winter, schlaflose Nächte, müde Tage, Schleimhäute am Rande des Nervenzusammenbruchs. Gegen manche N. gibt es Medikamente (die dann wiederum N. haben können).

O

Onkologie, die. Die Wissenschaft vom Krebs. Der Onkologe ist für die Vor-, Haupt- und Nachbehandlung von Tumorerkrankungen zuständig. Im günstigen Fall erwischt der Patient jemanden, der so sensibel mit ihm umgeht, wie es sein freundlich-verwandtschaftlicher Name suggeriert. Anderenfalls gäbe es dann noch Kollegen aus dem berüchtigten Nebenfachbereich der »Unkologie«.

P

plötzlich. Unerwartet eintretend und oft mit Überraschung verbunden. P. kann etwas passieren, was dann lange dauert – Schlechtes, aber auch Gutes. P. ist dann alles anders. Den P.-Effekt sollte man nie unterschätzen.

Q

Quatsch, der. Unausgegorene, weiche Masse Nonsens, die gerne von besonders wohlmeinenden Mitmenschen verbal abgesondert wird (»Du siehst gar nicht krank aus!«, auch schön, die Variante: »Also, wenn ich Krebs hätte ...«). Für den Q. gibt es ein internationales Grading von Q1 – Q4. Ganz großer Q. beginnt bereits ab Stadium Q3.

R

Rotznase, die. Vorspringendes Körperteil, das in Bewegung, sprich: am Laufen ist. Die R. ist jahreszeitlich bedingt und tritt bei größeren Menschenansammlungen massiert auf, wie zum Beispiel in der U-Bahn oder am Arbeitsplatz. Die R. ist der natürliche Feind der wankelmütigen Leukozyten. Die gemeine R. kann man gut an ihrer auffälligen, oft ins Rot tendierenden Farbgebung erkennen.

6. Dezember 2006

Das Endlichkeitsding

So viel ist klar, ich werde doch nicht Weltmeisterin in der Disziplin »Zwei Chemozyklen und trotzdem fit«. Als Frau mit den stärksten Haarwurzeln der Welt war ich ja auch eine glatte Fehlbesetzung.

Letzte Woche habe ich noch mal eine Runde beim »Chemorathon« aussetzen müssen. (Ohne die zwei Ehrenrunden in der Tagesklinik könnte ich schon fertig sein!) Ich spüre mittlerweile, wenn die Leukoburschen sich unerlaubt entfernen. Sie kommen jetzt auch nicht mehr so schnell zurück – die machen wohl ihre Weihnachtseinkäufe! –, und ich sitze daheim schlapp auf dem Sofa. Allein schon der Gedanke, etwas in Angriff zu nehmen, strengt mich an. Fünf Monate Therapie sind es jetzt, da kann man mal ein bisschen vor sich hin schwächeln.

Trotzdem: Ich bin in der letzten Runde. Ich sehe schon den Zieleinlauf: Haltet die Thermofolie, Champagner, Gänseleber-Crostini, Haarbürsten, eine Nacht zum Durchmachen und mein altes Leben bereit. Ich komme.

Aber mein altes Leben wird wohl nicht mehr zu mir passen. Zu viel ist passiert, zu existenziell war der Schock, zu viel ist infrage gestellt worden. Auf manchen Gedankenachterbahnen wäre ich lieber nie mitgefahren, aber die Ängste lassen sich nicht abwimmeln – und schon geht's rund:

Ein strahlender Junitag, und da sagt jemand zu mir: »Sie haben eine lebensbedrohliche Krankheit.« Sterbe ich denn nicht als runzelige Löckchen-Omi? Mit der Aussicht auf ein Pflegeheim muss man sich das sowieso gut überlegen … Trotzdem: Ich dachte eigentlich immer, ich werde uralt. Kann es sein, dass ich mich getäuscht habe und mich früher verabschieden muss?

Wer denkt schon gern über den eigenen Tod nach? Der ist in einer Welt, in der rüstige Best Ager in Kathmandu zum Extremtrekking gehen, in der untersten Schublade ganz hinten in einer Schachtel mit der Aufschrift »Das Endlichkeitsding« versteckt.

Ich hoffe, es ist ein gutes Zeichen, dass ich mir trotz all dem Erlebten einfach *nicht* wirklich vorstellen kann, einmal *nicht* mehr hier zu sein. Und ich habe ziemlich viel Fantasie.

An meinen schiefergrauen bis schwarzen Tagen fürchte ich, dass mein Countdown schon läuft, die Ärzte mit ihren optimistischen Heilungsprognosen mir die Wahrheit lieber verschweigen, um mich zu schonen, und ich mir die Antifaltencremes eigentlich sparen kann.

Blödsinn. Der Countdown läuft vom Tag der Geburt an: Man hat so viele Möglichkeiten, sich im Lauf eines Lebens vorzeitig zu verabschieden … einmal nicht aufgepasst – und weg! All diese Gelegenheiten haben meine Eltern und ich doch nicht umschifft, damit meine eigenen Zellen mich jetzt rauskicken, oder?

Man muss auf sein Leben, auf sich achten. Ich nehme das jetzt noch mal anders wahr: Was ist wirklich wichtig? Wie schnell sich vieles relativiert – hätte ich mir früher nie vorstellen können. Es gibt ein neues Zeitgefühl. Wenn ich so manche hektische Menschen beobachte und ihren Umgang mit Energie und »Problemen«, würde ich ihnen gerne sagen, wie froh sie sein können – denn ihre Schachtel liegt höchstwahrscheinlich noch unangetastet in der Schublade.

Wer also gerade genervt ist von: Ehegatten, Wettererscheinungen, Teenagern, technischem Gerät, Hunden oder unzuverlässigen Zeitgenossen – hallo, lieber den Tag genießen und sich selbst. Eine der Lieblingsaufforderungen der Amerikaner: Enjoy!

14. Dezember 2006

Koras Lexikon, Teil 3

S

Seelenknie, das. Lähmender Gemütszustand, der auch die optimistischsten Menschen ab und zu befällt. Die Seele geht nach etlichen, oft überraschenden Psycho-Magenschwingern vorübergehend auf die Bretter. Wichtig ist für das S., sich nur anzählen zu lassen, kein K. o. zu kassieren und sich wieder aufzurappeln. Für die nächste Runde.

T

Tumor, der. Illegale Zellansammlung im Körper, die aus irgendwelchen Gründen beschlossen hat, eine rasante Mutantenparty zu starten. Dem T. muss dieser Spaß umgehend verdorben und durch Operation und Therapien jede Wachstumsbasis entzogen werden. Am sichersten liegt ein T. beim Pathologen, fein geschnitten und gut weggesperrt.

U

unnütz. Überflüssig, ohne Zweck und Ziel. Es gibt u. Dinge, Gedanken und Menschen. Am besten macht man sich umgehend frei von ihnen, da diese vollautomatischen Zeit- und Energiefresser sonst schnell zu viel Raum einnehmen. Im Speziellen die u. Gedanken und ihre drei Begleiter, das Warum, Wieso und Wann.

V

vielleicht. Freundlich relativierendes Adverb, das einem alle Türen offen lässt: »V. ist alles gar nicht so schlimm.« »V. hat er nur vergessen anzurufen.« »V. morgen dann …« Das Wörtchen v. sollte unter strengen Artenschutz gestellt werden, da es für den Optimismus überlebenswichtig ist.

W

Waschlappen, der. Handgroßes Stoffsäckchen aus Frottee, das zum Einseifen verwendet wird. Gibt es in der Anwendung als heißen W. (zum Beispiel für die Stirn bei Kopfschmerzen) oder als kalten W. (bei hormonell bedingten Schweißattacken). Seltener kommt der W. auch in Form eines menschlichen Wesens vor, der die Konfrontation mit unerfreulichen oder schwierigen Situationen meidet.

X

X-ray, the (engl. Röntgenstrahlen). Kommt bei allerlei bildgebenden Untersuchungen zum Einsatz, durch die man als Patient wandert, um möglichst Genaues über sein physisches Innenleben zu erfahren. Selbige sind durchaus hilfreich in der Früherkennung und andererseits maximal stressig aufgrund des Angst-Rucksacks, den man nach einem Krankheitsverdacht sowieso mit sich trägt.

Y

Yellow Press, die. Vielfarbige Presseerzeugnisse, die meistens im Wochenrhythmus über die wichtigsten Ereignisse bei den unwichtigsten Menschen berichten. Die Y. P. wird gerne in Wartezimmern von Ärzten konsumiert, als ablenkende kleine Gehirnwäsche. Bei langen Flugreisen und Chemositzungen ist die Y. P. unverzichtbar, denn: Wenn die kleinen Buchstaben in den Büchern zu anstrengend werden, braucht man große Bilder.

Z

Zukunft, die. Unbekannte Zeitspanne, die noch vor einem liegt. Die Z. wird gerne geplant, und es gibt sie in verschiedenen Farbstellungen, von hellgrün über rosig bis düster. Meistens freuen wir uns auf die Z., wie zum Beispiel auf Weihnachten, den nächsten Sommer, das Ende einer Chemotherapie, einen neuen Harry-Potter-Band. Es gibt auch die

Angst vor der Z., da sie nicht sicher ist – für niemanden. Aber gelebt wird in der G. wie Gegenwart.

20. Dezember 2006

Welcome, 007!

Hau ab, 2006, du Mistjahr! Pffffff, Deutschland, ein Sommermärchen – dieser Sommer war für mich eine Horrorshow: von null auf nichts im Krankenhaus liegen, während draußen gefeiert wird. Die Stadt beflaggt wie nach einer gewonnenen Schlacht. Grölende Neu-Patrioten und Hupkonzerte auf den Straßen – und ich habe mich nach der OP wie E.T. vom anderen Stern gefühlt, der nicht weiß, wo er gelandet ist. Ein wirklich unvergessliches Jahr, Fußball-WM, Natascha lebt, Bruno stirbt, Wir-sind-Papst-Euphorie ... und Krebs.

Ich bin wirklich froh, dass es jetzt zu Ende geht und was Neues anfängt.

Nämlich 007 – das James-Bond-Jahr. Es kommt mit Riesenschritten und den Erfolgsfilmen ›Man lebt nur zweimal‹, ›Die Welt ist nicht genug‹ und ›Stirb an einem anderen Tag‹.

Ich bin wie ein Bond-Martini: bin lieber gerührt als geschüttelt. Und geschüttelt wurde ich genug im letzten halben Jahr. »Schöne Körper und sinnlose Action, das braucht man ab und zu«, so die Kurzkritik von meinem Freund Marco über ›Casino Royale‹.

Noch etwas ist zu Ende gegangen am Montag, still und heimlich. Da war eine letzte Chemo. Wie sagte Balu der Bär so treffend oder war's doch Fred Feuerstein? Oder Barney Geröllheimer?: »Yappa dappa duuuuuuuuuuu!«

Die Leukos sind rechtzeitig zurückgekommen vom Shopping, und so konnten die letzten C-Waffen doch noch vor Weihnachten in Umlauf gebracht werden. Nach fünf Monaten, drei Jahreszeiten und insgesamt 28 Einzelinfusionen ist dieses Kapitel nun auch beendet. Jetzt bleibt mir »nur noch« das Herceptin bis nächsten Oktober.

Danke, Körperchen, dass du das alles einigermaßen geduldig mitgemacht hast. Ich fühle mich zwar reichlich müde und geschafft, aber wenn ich mich so umhöre, geht es fast allen so vor dem Jahreswechsel. Ich falle also gar nicht weiter unangenehm auf.

Was jetzt noch kommt, sind die Bestrahlungen und hoffentlich bald mehr Haare. Ab Januar muss ich für ein paar Wochen werktags im »Sonnenstudio« antreten und die operierte Brust bestrahlen lassen, um eventuell noch vorhandenen Zellresten den Rest zu geben. Na gut, ich bin dabei.

Wasserfeste Busenbemalung inklusive. Ist ja auch bald Fasching. Und im Vergleich zum Marathonfeeling bei einer Chemo soll die Strahlentherapie ja ein lauschiger Spaziergang sein.

Ich lese keines der »Jahres-Horrorskope«, die einen momentan aus jeder Zeitschrift anspringen. Womöglich steht was drin, was mich irritiert. Auch wenn sich das nur irgendwelche Schreiberlinge bei ein bis zwei Buddeln Prosecco zusammengereimt haben – ich will gar nicht wissen, was kommt. Mein Bedarf an Zukunftsvisionen ist gedeckt. Ich hab zu viel nachgedacht in diesem Jahr: wenn und wann und überhaupt.

007 ist das chinesische Jahr des (Glücks-)Schweins. Und 007 wird das Jahr des Bauches, habe ich beschlossen. Die Intuition hat mich während meiner Krankheit eigentlich nie wirklich verlassen. Vor allem wenn ich überhaupt nicht wusste, wie's weitergeht oder wie ich mich entscheiden soll. Das Bauchhirn hat im größten Stress Ruhe bewahrt, als im Oberstübchen oft Kettenkarussell angesagt war.

007 mit Bauch also, ein völlig neuer Agententyp.

Sorry, Daniel Craig.

Januar 2007

Mitte Dezember wird bei meiner Mutter bei einer Routinenachsorge festgestellt, dass ihr Tumormarker plötzlich wieder erhöht ist. Bei ihrer Krebssorte leider kein gutes Zeichen. Im darauffolgenden PET-Scan ist dann eine mögliche Metastase als Leuchtpunkt zu sehen: Sie muss erneut operiert werden.

Im Blog will ich nicht darüber berichten, es geht mir zu nahe, dass die Krankheit wieder zugeschlagen hat. Und das bei einem Menschen, der mir so nahesteht, der mein Vorbild an Tapferkeit und Stärke ist, bei meiner Heldin, bei meiner Mama.

Diese Tatsache zieht mir nach den ganzen Ereignissen des letzten halben Jahres kurzzeitig den Teppich unter den Füßen weg. Gerade noch war ich davon überzeugt, dass ich den Krebs komplett killen werde, dann so was. Zu allem Übel darf ich sie noch nicht einmal besuchen in der Klinik, weil mein Immunsystem den bösen Krankenhauskeimen, die überall in den Gängen rumlungern, möglicherweise nicht gewachsen ist. Meine Mutter hat mich bis nach Berlin zur OP begleitet, und ich kann nur telefonieren mit ihr.

Zu Weihnachten habe ich ihr den Titel »Stehauf-Frauchen des Jahres« verliehen, als sie blass und mit langer Bauchnarbe, aber fröhlich unterm Christbaum sitzt. »Petunia, die Weihnachtsgans«, habe ich sie deshalb scherzhaft genannt, nach einem alten Kinderbuch von mir.

In meinem letzten Blogtext 2006 hört man nicht durch, wie ich mich wirklich fühle. Am Jahresende bin ich auch am Ende meiner seelischen Kräfte, und die Summe der vielen Chemos, die durch mich durchgelaufen sind, sorgt zusätzlich dafür, dass ich körperlich weit entfernt bin von meiner Bestform.

Kurz vor Silvester, als ich in schlechter Stimmung apathisch in der Wohnung herumhänge, muss ich an meinen Aufenthalt in Essen denken, der mich so aufgemöbelt hat. Mein Bauchgefühl sagt mir, dass ich einfach versuchen sollte, einen Termin für einen spontanen Pit-Stop dort zu bekommen: »Pimp my Allgemeinbefinden!«

Es klappt tatsächlich. Der Professor meint, in der ersten Januarwoche, nach den Feiertagen, seien sie nie voll belegt, ich solle unbedingt kommen. Ein paar Tage Kraft schöpfen bei den vertrauten Ärzten und Therapeuten. Ruhe haben. Abstand bekommen.

Am 10. Januar soll das Planungs-CT stattfinden, das Einrichten und Markieren für die Bestrahlung. Bis dahin muss ich wieder zurück sein. Ich reise an Neujahr, mobilisiere noch mal alle Kräfte.

Nach einer Woche Aufenthalt geht es mir viel besser. Die Methoden für ein ganzheitliches Wohlbefinden tun ihre Wirkung, wie beim ersten Mal. Meine akuten Ängste lade ich beim Psychologen und bei meinem Professor ab. Und durch die Körpertherapien bekomme ich Energie zurück. Dankbar durchlaufe ich mein tägliches Programm. Es geht mir so gut, dass ich sogar ein paar Mal im Park joggen gehe und am therapiefreien Wochenende mit einer der Ärztinnen einen Ausflug zur Villa Hügel unternehme. Die Lebensgeister sind zurück.

Das bekamen auch die Münchner Zivilpolizisten zu spüren, die meinen, mich wegen einer Bagatelle mit Blaulicht und allen Schikanen stellen zu müssen. Ich bin auf dem Weg in die Klinik, zur Bestrahlung, und habe keine Zeit. »Sie haben sonst nichts Besseres zu tun?«, fauche ich aus dem Seitenfenster, als sie ein umständliches Protokoll aufnehmen. »Aber ich schon.« Wütend reiße ich meine Mütze vom Kopf, damit sie meine Fusselhaare sehen können, »ich hab ein wichtiges Date. In der Strahlentherapie!« Vor Wut heule ich. Betretene Polizistengesichter. Ich darf fahren, der unfaire Strafzettel kommt später trotzdem mit der Post.

Ansonsten läuft die Bestrahlung unkompliziert an. Auch das Herceptin vertrage ich gut. Alle drei Wochen bekomme ich in der Tagesklinik ab jetzt »nur« noch dieses eine Fläschchen. Phase drei meines Anti-K-Programms nach OP und Chemo ist erreicht. Meiner Mutter geht es auch besser, sie muss nach ihrer OP keine weiteren Therapien (durch-)machen. Nach über sechs Wochen kehre ich zurück zu meinem Blog.

6. Februar 2007

Und täglich grüßt das Rummel-Tier

Ich musste eine kleine schöpferische Pause einlegen, nachdem ich am Ende des Jahres dann doch noch auf dem vorletzten Loch gepfiffen habe. Die monatelangen Chemokeulen und vor allem ein Krankheitsfall in meiner Familie bescherten mir einen Jahresausklang auf dem Zahnfleisch. Der Gaumen konnte aber immerhin das Super-Raclette an Silvester genießen. Und 007 wird ja sowieso alles besser.

Seit drei Wochen habe ich jetzt pünktlich um 8 Uhr ein morgendliches Date auf der »Sonnenbank«: vierzig Minuten Anreise für genau eine Minute stillhalten und an die Decke starren. Na gut – wenn's gesund macht!

»Wie hätten Sie Ihr Fleisch gerne?« »Ach, bitte nur zart gegrillt, leicht rosa.« Mein Oberkörper sieht mit den aufgemalten Markierungen aus wie die Schatzkarte von Captain Jack Sparrow. Gott sei Dank ist nicht Sommer, so lugt nur ab und zu ein Eddingstrichlein aus dem Ausschnitt.

Ein Wunder, dass die transparenten Pflaster, die das Kunstwerk schützen sollen, nach über drei Wochen noch nicht jucken. Mit ihnen darf ich sogar duschen. Zuerst hieß es, ich solle sechs Wochen gar kein Wasser an die Haut bringen. So würde man aber schnell zum olfaktorischen Problembär!

Die Lust auf Spaß, Rummel und Unternehmungen ist wieder da. Auch wenn ich besser auf mich achte und überlege, was und wie viel mir guttut: Empfindet Mr Leber, der sowieso noch einen Hangover von der Chemo hat, das zweite Glas Lugana schon als Zumutung? (Die Leber ist unbedingt ein männliches Organ, oder? Eigentlich müsste es *der* Leber heißen.) Schaden schwarze Tage eigentlich dem Immunsystem? Sind die Leukoburschen dann auch deprimiert, apathisch und lassen sich hängen? Lässt zu viel Zucker in der Trost-Schoki irgendwann irgendwelche Zellen mutieren? Sind sechs Stunden Schlaf nach einer Party zu wenig? Fragen über Fragen.

Aber Lebensfreude ist zäher als Angst – ich singe beim Autofahren die Ohrwürmer mit. Das macht mir wieder Spaß. Die Angst wird ohnehin erst mal mein ständiger Begleiter bleiben (Ich kann nur hoffen, sie hat gute Manieren!), aber ich muss ja nicht wie ein Kaninchen vor der Schlange in jahrelange Schockstarre verfallen. Wäre doch schade um so viel Zeit ... Von der lasse ich schon genug in den Wartezimmern meiner diversen -logen, die ich regelmäßig besuche: Radiologe, Gynäkologe, Onkologe, Kardiologe, Psychologe.

Nach Ärzten und Bestrahlungen belohne ich mich gerne sofort: Frühstück im Café, Blumen kaufen, bummeln. Vor allem, wenn's ein grauer Tag ist. Aber eigentlich habe ich so ein Frühlingsgefühl von Neuanfang in mir – und nicht nur die Schneeglöckchen und Krokusse (Kroküsse? Kroken? Krokanten?) sprießen mitten im Winter, sondern auch meine Haare! An den Beinen müssten sie es allerdings nicht so eilig haben.

13. Februar 2007

Ciao, ciao, Hormonstau

Manchmal fließe ich über: vor Wut, Schweiß und Tränen. Ich kann mir im Kino zwar mittlerweile wieder ganz cool Filme anschauen, bei denen alle anderen im Dunkeln nach Tempos kramen. Dann aber sehe ich ein altes Foto von meinem ersten Hund, der schon über zwanzig Jahre tot ist, und muss weinen.

Oder ein mikroskopisch kleines Missverständnis stürzt mich in große Verzweiflung. Oder der Hauch einer Kritik macht mich bodenlos und sprachlos. Bienvenu, welcome: Mein Gefühlscenter hat immer geöffnet, ist vierundzwanzig Stunden in Betrieb. Auch weil mein Tumor hormonabhängig war. Und die Hormone sind mindestens so verwirrt wie ich. Dann andauernd diese blöden Hitzewallungen! Schlimm genug, dass die Frisur sich verabschiedet hat, jetzt auch noch diese rote Glüh-Birne … gar nicht hübsch.

So wal(l)zt es über mich hinweg, viele Male jeden Tag. Kaum ist man morgens fertig im Bad und hat seinen Pulli an, geht's schon los. Kaffee, überheizte U-Bahnen, volle Räume und zu dicke Bettdecken in der Nacht sind ebenfalls Freudenbringer. Ich sollte eigentlich Funktionsunterwäsche statt Dessous tragen. Aber so weit kommt's noch! Ich liebe schönes »Untendrunter«, egal ob Single oder Krebspatientin, oder beides. Als ob ich nicht schon genug zu tun hätte mit der Krankheit, den Therapien, der Zukunft, nimmt die Beschäftigung mit dem Körper und seinen Reaktionen kein Ende. Er funktioniert einfach nicht mehr selbstverständlich und vertraut wie früher.

Immerhin ist mein Humor nicht tumorabhängig. Ich fühle mich gut. Kopf hoch, Augen auf, Nase vor: Es geht weiter! Nur noch neun Mal zur Strahlenbank, bis ich dann schön knusprig bin. Langsam zeichnet sich ein interessantes rotes Rechteck auf dem Oberkörper ab, das aber nicht weh oder sonst was tut. Den Zellen ist in ihrem Tumorbett bestimmt schon genauso heiß wie mir oft nachts. Lange halten die das bestimmt nicht mehr aus, falls sie nicht sowieso längst bei der OP ihren Abgang gemacht haben.

Komisch bloß, dass diesen möglichen »Restzellen« ein richtiges Wochenende zugestanden wird, an dem sie in Ruhe gelassen werden und nichts tun müssen, außer sich von den vergangenen Tagen zu erholen. Montag früh geht's dann wieder los mit den fiesen Strahlenattacken.

Die vielen Bestrahlungstermine sind zwar lästig, aber sie beeinträchtigen mich wenig. Keine Fatigue, das Müdigkeitssyndrom, das viele haben, in Sicht. Ich fühle mich nur ein bisschen schwerfälliger und unbeweglich nach den letzten unsportlichen Monaten. Ich hätte irre Lust schwimmen zu gehen, am allerliebsten im Meer.

Liebe BKK, ich möchte zur Reha dann doch gerne in die Karibik.

Die aufgemalte »Schatzkarte« sieht wirklich vielversprechend aus. Alles klar?

Notfalls freue ich mich auch schon über eine heiße Badewanne. In zwei Wochen dann.

20. Februar 2007

Karneval der Tiere

Ich hab sie ausgeführt – meine kleine Meerschweinchenfrisur (ein Wirbel vorne, zwei hinten). Nachdem ich mich sechs Monate mit Kopftüchern, Kappen, Stoffschläuchen und Mützen bedeckt gehalten habe, ist mein Kopf wieder frei! Was für ein schönes Gefühl, wenn man nix mehr um die Ohren hat und trotzdem nicht friert. Auch wenn die Haare noch plüschig sind und morgens unkontrolliert in alle Richtungen abstehen, wie in den guten alten 80er-Jahren.

Kein Kahlkopf vermiest mir mehr den Blick in den Spiegel. Da bin ich wieder, ich erkenne mich. Und Leute, die mich nicht kennen, bemerken nicht, dass meine radikale Frisur keine Absicht ist, ich kläre sie auch nicht auf.

Eine Ausnahme war meine Oben-ohne-Premiere auf einem Fest bei meinem Freund Nick. Dort konnte ich mich bei einer bestimmten Sorte von Dampfplauderern, die mich immer schon genervt haben, nicht zurückhalten: »Neiiiin, jetzt hätte ich dich fast nicht erkannt! Steht dir aber gaanz toll, der neue Haarschnitt!« »Das ist kein Schnitt, nach der Chemotherapie sind die Haare einfach so wieder nachgewachsen!« Da fallen die Partylaune und die Kinnlade mal kurz ins Martiniglas. Böser, böser Small-Talk-Killer. Entweder man verabschiedet sich dann schnell, oder die Unterhaltung wird gehaltvoller. Manchen Menschen kommt man mit Hiobsbotschaften auch schnell näher und kann die Blabla-Mauer durchbrechen. Deswegen probiere ich es hin und wieder mal aus.

Ein ehrlicher Zeitgenosse hat in so einem Gespräch zu mir gesagt: »In deiner Haut möchte ich nicht stecken. Aber ich weiß, du packst das.« Da musste ich schlucken, aber so eine offene Reaktion ist mir hundertmal lieber als mitleidiges Rumeiern.

Auf die Frage, wie es mir geht, antworte ich ehrlich. Auch wenn mancher lieber nur die Standardantwort »gut« hätte, um zur Tagesordnung übergehen und das unerquickliche Thema schnell abhaken zu können.

Jetzt muss ich nur noch eine Woche zur Grillstation. Ab heute noch fünf Mal den *»boost«* direkt ins Tumorbett, wie es so schön heißt – falls es sich dort noch Zellen gemütlich machen sollten. Aber die sind sicher längst verstrahlt und von der Leukomüllabfuhr entsorgt worden. Langsam reicht's meiner Haut auch, unter der Achsel sieht sie ziemlich strapaziert aus. Es ist ja nicht so, dass ich *nicht* mehr in meiner Haut stecken will – schließlich habe ich nur diese. Eine Sache ärgert mich jetzt: Warum habe ich bloß mein Perückenrezept im letzten Jahr nicht eingelöst? Ich hätte mit langem, billigem Blondhaar und riesiger Käfer-Brille im Fasching als Paris Hilton gehen können. Oder mir eine dolle Afromähne für eine Seventies-Party anschaffen können. Zu spät.

Vielleicht gehe ich aber auch als »innerer Schweinehund«, schließlich weiß ich genau, wie er aussieht. Ich habe ja gegen ihn angekämpft. Letzten Sonntag war übrigens chinesisches Neujahr. Mehr Schwein für alle!

27. Februar 2007

Opti & Depri

Eine schwere Krankheit zu haben, bedeutet nicht automatisch auch dauerdeprimiert zu sein. Erstaunlicherweise fühle ich mich mittlerweile sogar ganz ausgeglichen. Ich bin endlich ein bisschen weggekommen von dem Abgrund, der sich im letzten Sommer urplötzlich vor mir aufgetan hat.

Doch ich weiß genau, dass er noch da ist. Ignorieren kann ich ihn nicht – aber ich muss ja nicht dauernd runtergucken. Uiiiihh – so tief! Ich sehe mich mal wieder auf dem Jahrmarkt: »Meine Damen und Herrren, in derrr nächsten Abteilung sehen Sie Koorrra am Hochseil. Sie wird versuchen, sich vorrr Ihrrren Augen, in schwindelnderrr Höhe, nicht in die Tasche zu lügen und gleichzeitig die Tiefe zu überrrquerrren.« Applaus, Applaus!

Womöglich verdränge ich zu viel Angst – das befürchte ich manchmal –, und sie wird mich eines Tages ohne Vorwarnung gewaltig anspringen. Okay, Angst, dann fahr halt mit mir und meinen anderen schwarzen Gedanken Karussell auf dem Rummel: immer rundherum.

Dann steige ich aber wieder aus und suche mir ein paar schöne Ideen.

Immer fröhlich zu sein gelingt selbst den meisten »gesunden« Zeitgenossen nicht.

Think positive!

Always look on the bright side of life.

Don't worry, be happy.

Ach ja, es wachsen viele Binsen am Gefühlsufer.

Und doch: Ich lache viel, manchmal über ganz blöde Sachen und über Dinge, die mich früher geärgert hätten. Beispielsweise darüber, dass mir die hübsche Forelle aus französischer Edelschokolade, die ich meiner Freundin Nani (Sternzeichen Fische) zum Vierzigsten schenken wollte, leider vor ihrer Tür runtergefallen ist und ich ihr nur noch kichernd eine verbeulte Flunder überreichen konnte. Oder dass meine Schlüssel, wichtige Unterlagen, Handy, EC-Karte und ihre Plastikkollegen es vorziehen, ein Eigenleben zu führen – nie sind die Biester da, wo ich sie suche. (Ist das der normale *Alzheimer light*, oder hab ich's nach der Chemo und den Strahlen doch an der Birne?)

Ab und zu bemerke ich, wie manche Menschen um mich rum (zum Glück gehört mein Arbeitgeber nicht dazu) schon ein bisschen ungeduldig werden: »So, jetzt reicht's schön langsam mit Krebs und Therapie. Das geht doch schon Monate … da muss doch mal Schluss sein.« Das sagen sie nicht so, aber ich spüre es. »Hallo, Herrschaften, ein Tumor ist kein gebrochenes Bein, bei dem man nach dem Gips wieder genauso fröhlich rumhüpft wie früher. Tut mir leid – aber das dauert. Auch wenn ich langsam wieder so *wirke*, ich bin nicht die Gleiche wie früher, nur mit anderer Frisur!«

Gestern war ein schöner Tag, ich hatte nach sechs Wochen meine letzte Bestrahlung. Wieder eine Etappe hinter mich gebracht. Und ein Superzeugnis gab's auch noch zum Abschluss: Keine Fehltage, und die Haut hat 'ne Eins bekommen. Sie sieht nur ein bisschen nach Babyelefant aus. Wunderbar, endlich nicht mehr jeden Morgen durch lange, fahl beleuchtete Krankenhausflure laufen zu müssen …

Aber die Vorstellung ist noch nicht vorbei:

»Und in derrr nächsten Abteilung, *das* Anti-Östrrrogen, das legendäre Tamoxifeeen!«

6. März 2007

Level 2012

Die erste Therapie, bei der ich mir (fast) alleine aussuchen konnte, wann sie beginnen soll. Wenigstens das. Auf alle Fälle nicht während meiner Bestrahlung, hatte ich beschlossen. Immer schön eins nach dem anderen.

Damit ich wenigstens immer ungefähr weiß, warum ich mich wo, wann, wie fühle.

Für alle nicht Betroffenen kurz zur Erklärung: Tamoxifen soll verhindern, dass das Sexualhormon Östrogen ein nochmaliges Tumorwachstum anfeuert. Die Aussicht auf all die hübschen Folgen, die ein solcher Eingriff in die weibliche Körperchemie haben kann, ist inklusive.

Täglich eine Tablette, fünf Jahre lang! Na, beeindruckt? Ich schon.

Bei dieser Mistkrankheit geht es nach der Entfernung des Tumors in den Therapien eigentlich nur darum, alles zu unternehmen, damit nichts wiederkommt. A pill a day, keeps the doctor away? Ich habe zwar schon langjährige Erfahrung mit einer täglichen Pille vorzuweisen, aber die war mir nie lästig oder unheimlich. Im Gegenteil, durch sie wurde ich endlich zur souveränen Bezwingerin des PMS.

Man sollte halt doch nie die ausufernden Waschzettel der Medikamente lesen ... mach ich sonst auch nicht mehr. Aber Tamoxifen ist relativ *berüchtigt*, was den Katalog an Nebenwirkungen angeht. Davon hört frau einfach, bevor sie selber dran ist. Bei der Chemo kommen die Bottles vermutlich aus diesem Grund gleich ohne Umverpackung zu ihrer Kundschaft.

Gegen all die modernen Helfer in der Medizin und ihre Haupt-Wirkungen habe ich gar nichts – im Gegenteil, ich bin doch froh, dass es sie gibt. Aber müssen sie immer diese lästigen Begleiter haben, die sich in den Vordergrund spielen, vorlaut grölen, sich danebenbenehmen und stören?

Na ja, ich bin erst beim fünften Pillchen von insgesamt 1825. Das kann noch was werden. Und versuche mal wieder optimistisch zu sein. Obwohl mir seit ein paar Tagen der Kopf dröhnt. Das kann aber auch von etwas anderem kommen. Man wird so ein In-sich-rein-Horcher ... sehr lästig.

Ich kann mich noch nicht daran gewöhnen, mich immer wieder mit neuen Medikamenten auseinanderzusetzen. Früher gab's ab und zu ein Aspirin – heute komme ich mir vor wie bei einem Computerspiel: Wenn man eine Aufgabe gemeistert hat, kommt man zur Belohnung gleich auf das nächsthöhere Level. Manno, kann mal einer den Stecker ziehen? Erst 2012? Mist.

Irgendwo habe ich gelesen, dass bei einer Krebserkrankung die nächsten fünf Jahre die wichtigsten im Leben sein werden. Bei der aktuellen Diskussion um Klimawandel und CO_2-Ausstoß habe ich dann wenigstens etwas gemeinsam mit der Erde.

13. März 2007

Der Antiplüsch

Mittlerweile bin ich schon bei Pillchen Nr. 12. Immerhin. Noch fällt mir das Zählen leicht, ich nehme Tamoxifen seit dem 1. März, ganz genau seit dem 1.3. um 23. 44 Uhr. Ich hatte mich den ganzen Tag davor gedrückt, und abends lag die Tablette immer noch vorwurfsvoll auf dem Küchentisch. Fast hätte ich meinen selbst gewählten Starttag für die Antihormontherapie verstreichen lassen.

Ein kleiner Schluck Wasser nur, und doch ein großer im Hinblick auf mein Leben.

Wenn ein Begriff schon mit Anti- anfängt, dann macht mir das den Vorgang gleich unsympathisch. Hormone braucht der Mensch, und die Menschin erst recht. Wieso denn Anti? Die medizinische Notwendigkeit ist zwar in meinem Kopf angekommen, aber anscheinend noch nicht in der dortigen Weiblichkeitszentrale, in der sich, seit ich zwölf oder dreizehn war, Erotik, Flirten, hübsche Klamotten, wallende Haare, Schmetterlingsgefühle, teure Schläppchen, Dessous, PMS, Cellulite, Zickenattacken u. v. a. tummeln, umwirbelt von wohldosierten Hormonen. Und jetzt urplötzlich – Plüschabteilung wegen Umbau geschlossen? Das ist ja, als würde in der Lieblingskneipe der Wirt wechseln! Hoffentlich nicht.

Muskel- und Gelenkschmerzen, depressive Verstimmungen, Gewichtszunahme, Augenprobleme, Zysten, Polypen, Myome bis zur erneuten Krebsgefahr, Juckreiz, Kopfweh, Übelkeit, Hitzewallungen: Ich kann mir einfach nicht vorstellen, dass ein Medikament mich fünf Jahre lang so bei Laune hält. Vor einem Jahr war ich noch eine (scheinbar) gesunde Frau mit langen Haaren und kurzen Gedanken an die Zukunft. Zwölf Monate später habe ich eine Notfallfrisur, drei Narben mehr und einen Haufen Lymphknoten weniger. Und einen Blick auf die Endlichkeit riskiert … Das nenne ich mal ein echtes Wechseljahr!

Schon wieder werde ich gepiekst, wo's wehtut. Aber ein etwas dickeres Fell ist mir wohl mittlerweile gewachsen (wenn auch nicht auf dem Kopf!), und an guten Tagen kann ich mich freuen, dass ich das alles überhaupt er*leben darf.*

Außerdem versuche ich mich mit weiblicher Solidarität zu trösten: Ich bin ja nicht allein. Zu allen Frauen kommt früher oder später der hormonelle Innenarchitekt zum Umgestalten. Das heißt nicht zwingend, dass sie nachher schlechter eingerichtet wären als vorher. War ja beim Tapetenwechsel in der Pubertät auch nicht so, oder?

20. März 2007

Schnell mal langsam

(B)Logbuch der Kora – Pillchenzeit 19/1825. Wer erinnert sich noch an die Serie ›Raumschiff Enterprise‹, bevor sie ein Kinofilm wurde und ›Startrek‹ hieß? Auf der Schwelle zur Pubertät hatte ich mich in Captain James T. Kirk verknallt. Er war zwar kein echter Adonis und sah recht pummelig aus in seinem unattraktiv-beigen Stretchshirt, aber ich fand ihn toll. Woche für Woche freute ich mich ungeduldig auf Samstag. Ein TV-Fixtermin wie ›Disco‹ mit Ilja Richter, die ›Hitparade‹ und später ›Die Straßen von San Francisco‹. Bald wurde ich meinem Weltraum-Alphatier dann untreu und verliebte mich in den wesentlich knackigeren Inspektor Steve Heller alias Michael Douglas. Die Woche konnte nicht schnell genug vergehen bis zum nächsten Einsatz meines Schwarms, der dann im butterweich gefederten Ami-Schlitten die Gefällestrecken der Stadt runterschaukelte, immer auf der Jagd nach Verbrechern. Ich hatte mir sogar einen eigenen Kalender gebastelt, auf dem ich die Tage bis zur nächsten Folge ausstrich. Diese Ehre wurde dann nur noch wenigen Rockstars zuteil, wenn ich als Teenie ein Ticket für ein Konzert gekauft hatte. Bis Weihnachten kam's mir auch immer ewig vor. Die Zeit verging damals langsam.

Geduld war eben noch nie meine Stärke. Egal, ob laufen, essen, arbeiten, Auto fahren – bei mir muss immer alles schnell gehen. Mein innerer Rhythmus hat was von einer Technoparty. 140 beats per minute als Puls, denn ich könnte ja was verpassen.

Und dann kam die Diagnose.

Panisch habe ich versucht, auf meiner imaginären biologischen Uhr zu spicken, wie viel Zeit mir wohl noch bleibt. Ich kam mir vor wie im Film, wo Bomben immer erst dann vom Helden entdeckt werden, wenn der Zeitzünder schon tickt. 3 ... 2 ... 1 ... ich. Aber in den allermeisten Fällen wird die Hauptperson *nicht* in ihre Einzelteile zerlegt, sondern entschärft mutig das Ding in den letzten Sekunden!

In den ersten Wochen nach der OP wollte ich am liebsten so weiterleben wie vorher. Genau so. Gleicher Rhythmus. Sofort. Weil man weiß ja nie ... ab jetzt könnte ich wirklich etwas versäumen!

Die Entschleunigung begann mit der Chemotherapie. Stundenlang musste ich mich mit Medikamenten bedröhnen lassen, bis ich so schwere Glieder hatte, dass ich für den regelmäßigen Gang zum WC in Begleitung meines Infusionsständers länger brauchte als im Auto in der Rushhour nach Hause. Zu dem Zeitpunkt habe ich eingesehen, so wie früher geht wohl nicht. Die Krankheit macht einen langsamer. Ganz schnell. Man ist nicht mehr in der Lage, zu rennen oder mehrere Dinge gleichzeitig zu tun. Ich war froh, wenn es mir einigermaßen gut ging und ich überhaupt etwas geschafft hatte. Dicke Kortison-Knie, stundenlanges Sitzen in Wartezimmern, Stillhalten bei der Bestrahlung, Schmerzen in den Füßen, jahrelange Nachsorge: meine Entdeckung der Langsamkeit.

Mittlerweile kann ich schon eine Viertelstunde entspannt still sitzen und an gar nichts denken außer an meinen Atem. Zeit für Ruhe. Ob das jetzt Meditation ist, weiß ich nicht. Aber ich weiß, dass ich das gerne schon früher gekonnt hätte. Aber ich hatte nie Zeit es zu lernen.

Beam me up, Scotty!

27. März 2007

Früh links erwachen

... tut ganz schön weh. Wenn morgens die Vögel wieder ihre Evergreens pfeifen, zwitschert's leider auch in meinen Schulterknochen. Ich bin gespannt, wann die doofen Gelenk- und Muskelschmerzen besser werden. Es macht mir keinen Spaß in der Abteilung Steif & Lahm.

Es rumort noch ordentlich im Körper, während sich die Hormone zu sortieren versuchen. Und trotzdem: Der Frühling lässt sein blaues Band endlich doch wieder flattern, Sprayer sprühen zarte Graffiti in lauer Luft, und die Uhr hüpft übermütig eine Stunde voraus.

Und mein Stress lässt nach. Die Eiszeit ist vorbei.

Nach all dem, was ich erleben musste – scheinbare Unverwundbarkeit weg, Haare weg, Krebs weg –, kommt jetzt: Puschen weg! Auf geht's zum vorösterlichen Eiertanz. Aber noch bin ich nicht ganz parkettsicher, manchmal fühle ich mich filigran, wie aus Glas, und muss ausprobieren, was ich schon wieder alles kann und, vor allem, wie lang. Ich muss meinem Körperchen erst mal zuhören.

Dann gibt es aber auch diese Momente, wo ich mich einfach stark fühle. Oh, du wunderbare Welt der Schwerkraft (die Kraft, die aus der Schwere kommt). Als ob der Wille einen fest verwurzeln könnte: Hey, so schnell wirft mich nichts mehr um.

Eine kleine Wiedergeburt: Durchgepustet, kernsaniert, frisch frisiert (na ja, noch ziehe ich den rasanten Seitenscheitel nur mit einem alten Mascara-Bürstchen).

Überall blüht's jetzt. Das reicht für 1001 Wünsche, was ich dieses Jahr noch erleben möchte:

- Eine Sommernacht bis zum Morgengrauen durchmachen und auf dem Nachhauseweg die erste Kundin beim Bäcker sein.
- Einen Sonnenuntergang an einem weiten Horizont sehen (Meer, Berg?).
- Einen Sonnenaufgang sehen (s. o.).
- Auf einen Berg steigen (s. o.).

- Und einen herunterfliegen. Mit dem Tandemgleitschirm.
- Endlich mal mit der echten Achterbahn fahren.
- An einen Ort reisen, an dem ich noch nie war (empfiehlt einem auch der Dalai Lama).
- Nicht wieder zurückrutschen in den Alltagstrott (... das ist der allerschwierigste Vorsatz!).

Noch etwas zum Thema Alternativ-Quacksalberei:

Mir ist es wurscht, wenn in Tahiti ein Sack bitterer Aprikosenkerne unterm Noni-Baum umfällt. Auch der sonst so bewährte Buttermilcheinlauf bei Vollmond hat's bei mir nicht voll gebracht. Aber die Chinesen haben so ihre Mittelchen ... Es muss jeder selbst wissen oder ausprobieren, was weiterhilft.

Auf jeden Fall hilfreich – da jede Frau das Risiko einer Erkrankung trägt: Bitteschön *regelmäßig!* die Brust selbst untersuchen, auch wenn's lästig ist und wir zu wissen meinen, dass wir selbst natürlich nicht zu den Gefährdeten gehören.

Hab ich auch immer gedacht, selbst nach dem Tod meiner Freundinnen.

Als ich ihn dann getastet habe, hatte der Knoten erst einen Zentimeter Durchmesser. Er war noch klein. Und die Chance auf Gesundheit größer.

3. April 2007

Mutproben

Es gibt da so ein kleines Männlein (oder ist's ein Fräulein?) in meinem Bauch, das mich immer wieder piekst: »Stark sein, stark sein.« Schon ganz hilfreich, so ein kleiner Hinweis ab und zu, aber manchmal nervt das Kerlchen auch. Ich kenne es schon sehr lange, viel länger als den Krebs. Es hat mich immer angetrieben, schön die toughe Frau zu mimen. Ob ich die gerade sein konnte oder nicht.

In der Umkleide des Fitnessstudios, in dem ich nach Monaten das erste Mal wieder meine müden Restmuskeln trainieren wollte, war es auch mit dabei. Meine Narben sind glücklicherweise sehr dezent angeordnet, und die rechte Brust hat durch die OP nur eine kleine Delle. Ich habe nie ein Problem gehabt, mich zusammen mit anderen Frauen umzuziehen oder zu duschen, aber diesmal habe ich doch kurz gezögert und dann beschlossen, dass es mir egal ist, ob jemand guckt. Und zwar für immer! Ich mag nicht an jedem Ufer, an jedem Strand, in jeder Sauna erneut darüber nachdenken müssen. Das wäre dann erledigt ...

Es gibt auch für Erwachsene noch viele feine Mutproben: statt Regenwurm zu essen mal eine Mammographie nach der Sentinel-Markierung probiert? Oder sich eine Glatze rasieren lassen, nachdem man vorher schon tagelang seine Frisur in der Gegend verteilt hat?

Aber das ist alles gar nichts gegen die Beschäftigung mit dem Gedanken, dass man wohl doch nicht unsterblich ist. Puh, dazu brauche ich noch viel Psycho-Workout bei meiner Therapeutin. Ich will mir aber keine aus Tapferkeit gezüchtete harte Schale zulegen: Weltmeisterin im Aushalten & Wegstecken? Nö danke, das schaff ich nicht. Besser, ich gebe das gleich vor mir selbst zu.

Es wird wohl noch länger dauern, bis mein Selbst wieder bewusst wird. Ich puzzle mich langsam zusammen. Und stelle fest, wie angenehm es ist, wenn mich mal ab und zu keiner piekst.

Ich muss/kann gerade nicht mehr so viel leisten wie früher. Aber ich muss ja nicht die Erste, die Beste sein und beim Nachhausegehen auch nicht mehr die Letzte, nicht die Ausdauerndste, nicht die Größte oder die Schnellste. Superlative go home!

Einfach nur leben. Es gibt da diese fantastische französische Komödie ›Das Leben ist ein langer, ruhiger Fluss‹ – diese Formulierung fand ich immer schön (auch wenn's laut Drehbuch drunter und drüber geht und die Handlung eher die umgekehrte Aussage hat).

Meine neue Stärke ist, auch mal Schwäche zeigen zu können.

Hallo, bist du noch da, Kerlchen?

10. April 2007

Wenn Flöhe husten und Läuse niesen

Gut, dass mir die Jahreszeiten beistehen. Ich find's schön, dass gerade jetzt Frühling ist und sich sowieso alles nach Neuanfang anfühlt: neue Blätter, neues Glück. Ich setze auch gleich einen meiner Vorsätze um und reise mit einer Freundin dorthin, wo ich noch nicht war: an einen See mit hohen Bergen drum herum – sieht aus wie aus der Schokoladenwerbung. An einen Ort, wo ich ein paar Tage *Wellnessie* sein kann. Es geht mir gut, und ich lasse es mir gut gehen. Nachdem die Horrorshow der letzten Monate langsam etwas verblasst, will ich mal wieder unbeschwert unterwegs sein. Ich bin mir sicher, es hilft mir, wenn ich mit neuen Eindrücken konfrontiert werde und mal den Alltag, in dem ich, ob ich will oder nicht, oft noch um die Krankheit kreise, hinter mir lasse. Einfach weg sein, weit schauen können – Feldstecher raus statt Nabelschau. Ich weiß, dass die Erinnerung und die Tatsachen mit im Gepäck sind, aber *den* Koffer muss ich ja nicht unbedingt aufmachen. Kleiner Travel-Trick :-).

Leider habe ich seit letzter Woche ein paar uncharmante rote Flecken bekommen. Die *ausschlaggebenden* Kinderkrankheiten hatte ich alle. Also: Hautsache Stress? Nach all den Medikamenten, Strahlen und Schwitzattacken wär's ja kein Wunder. Ich bin ein bisschen genervt, schließlich wollte ich das Hotel-Spa in den nächsten Tagen belagern. Hoffentlich mutiere ich nicht vor der La-Stone-Massage noch zu einem unansehnlichen Streuselkuchen.

Andererseits, wie kann man sich über ein paar rote Stellen am Körper aufregen, nachdem man neun Monate lang den Krebs bekämpft hat? Das ist doch Killefitz! Auch das Herzrumpeln ab und zu bedeutet nicht gleich eine Schwächung der Pumpfunktion. (War ja erst beim Kardiologen zum Check.) Und schwindelig war mir früher auch schon manchmal. Bloß nicht alles mit der Krankheit in Verbindung bringen. Nebenwirrungen statt Nebenwirkungen: Jetzt bloß nicht anfangen, die Flöhe husten zu hören – oder die Läuse niesen!

Ich glaube, mein Körper und ich, wir sind einfach urlaubsreif.

17. April 2007

Verblassen lassen

Ich bin zurück aus der Schweiz und habe die roten Flecken vollzählig wieder mit retourgebracht. Aber die hauen mich nach all den anderen Ausfallserscheinungen der letzten Monate nun wirklich nicht um. Nachdem ich schon ein Comeback in meinem Fitnessstudio zu Hause hatte, gab es im Wellnesshotel die ultimative Mutprobe: sich nackig zu zeigen, den kuscheligen Bademantel von sich werfen, trotz Pünktchenalarm. Glücklicherweise habe ich eine supernette Masseurin erwischt, die mich als nicht ansteckend eingestuft und verständnisvoll um die Krisengebiete herumgearbeitet hat. Für diesen Schatz gab's ein paar Fränkli Trinkgeld mehr.

Fein war's, weg zu sein. Es war fast wie im Sommer: im aufgeheizten Auto im Stau zu stehen und mal wieder Kilometer zu fressen (statt immer nur Selen und Tamoxifen). Fühlte sich so vertraut an. Es erinnerte mich an unbeschwerte Reisezeiten, ohne die Wenn und Aber, um die ich die letzten Monate gekreist bin.

Wenn ich wegfahren konnte, ging's mir schon immer gut.

Diesmal hat's zwar mit dem »Alles-hinter-sich-Lassen« nicht hundertprozentig hingehauen, dennoch war ich ganz zufrieden mit meinem AQ (Abschalt-Quotienten).

Ich tanze gerne, und ich spiele gerne. Auf das unterschwellige Eiertanz-Feeling, das immer noch da ist, und die Dauerteilnahme am Zell-Bingo könnte ich trotzdem langsam verzichten! Es ist schon komisch, sich von einer lebensbedrohlichen Krankheit zu erholen: Nichts möchte ich lieber, als dass es mir wieder gut geht, aber gleichzeitig habe ich das Gefühl, eine innere Handbremse angezogen zu haben: Nur nicht *zu* optimistisch sein, nicht zu *früh* freuen, bloß nicht *enttäuscht* werden. Manchmal genügt ein Wort wie »Überlebensrate«, um mir den Tag zu versauen.

Ich neige eigentlich nicht zur Drama-Queen, aber es ist gar nicht so leicht, wirklich so optimistisch zu sein, wie ich meine, es sein zu können (interessanter Zustand!), und auf Dauer wieder mein Gleichgewicht zu finden. Vielleicht haben bei den Ängsten die ollen Hormone ihre Fingerchen im Spiel ... die müssen ja immer mitmischen und sich selbst erst wieder zurechtfinden im Körperbetrieb.

Dennoch gab es während der letzten Tage Momente, die den Krebs haben verblassen lassen. Die Entspannung ließ die Erinnerungen an die schlimmen Erfahrungen ein bisschen verschwimmen.

Diesen Monat stehen mehrere Nachsorgeuntersuchungen an – damit geht's jetzt los. Die diversen Therapie-Docs wollen mich wieder sehen. Im Mai wird's noch doller, da gibt's dann die erste Mammographie seit der OP.

Übrigens, liebe BKK, am einfachsten wär's, ich bekäme zum Quartalsanfang immer gleich einen Abreißblock mit Überweisungsscheinen.

Bin gespannt, wie lange ich brauche, mich zu einer professionellen Nachsorgepatientin zu entwickeln – cool rein in die Praxis, cool raus. Auf eine mögliche Karriere als Primaballerina beim Eierballett habe ich jedenfalls keine Ambitionen. Ich habe schon einen Beruf, der mir besser gefällt.

24. April 2007

Grüße aus Sofalien

Als Kind hatte ich eine kleine Spielzeuggiraffe. Die Beine waren aus aufgefädelten gelben Holzperlen, die über eine Mechanik im Bodenteil straff gespannt waren. Drückte man unten drauf, ließ die Spannung nach und die Perlenbeine knickten ein – die Giraffe legte sich flach. Genau das passiert mir jetzt manchmal, wenn ich nicht rechtzeitig einen Gang runterschalte. Eigentlich fühle ich mich mittlerweile wieder ziemlich fit. Der »dicke Mann«, der während der Chemo immer mal wieder aufgetaucht ist, hat sich längst verabschiedet. Auf Nimmerwiedersehen! Und die tägliche Strahlendosis auf der Sonnenbank hat mich nicht wirklich beeinträchtigt.

Ich gehe möglichst oft zum Walking und jogge dabei auch in Intervallen. Probiere aus, wie lange ich schon wieder laufen kann. Eine Dreiviertelstunde schaffe ich ganz gut *ohne* Quälerei. Denn gequält wird nicht mehr, und freiwillig quäle ich mich schon gar nicht.

Es gibt wissenschaftliche Untersuchungen über Sport bei Brustkrebs, die definitiv belegen, dass Bewegung und Sauerstoff helfen können, die Krankheit zu überwinden. Also trainiere ich wieder. In manchen Situationen aber geht mir plötzlich, auf Knopfdruck, die Energie aus: beim Arbeiten, beim Bummeln über den Flohmarkt (na ja, nach über vier Stunden – war vielleicht etwas *zu* lang), bei ausgedehnten Autofahrten.

Dieses Gefühl kannte ich bis jetzt nicht. Es ist seltsam, plötzlich so erschöpft zu sein, dass man als Knick-Giraffe nur noch aufs Sofa fallen kann. Ich muss erst lernen, meine Aktivitäten neu zu dosieren und mich rechtzeitig zu bremsen. Bevor der innere Tierschutzverein Alarm schlägt.

Das ist ein großer Unterschied zu früher, da »ging immer noch was«, auch wenn ich längst kaputt und müde war. Habe ich zumindest gemeint. Ich will mich jetzt nicht verpimpern und übermäßig schonen, aber meinen alten, stressigen Ehrgeiz werde ich nach Möglichkeit eindämmen. Ich pass auf, auf mich.

Gestern hatte ich nacheinander meine beiden ersten Nachsorgeuntersuchungen, bei zwei verschiedenen Ärzten. Hatte sich so ergeben – da hat sich die Aufregung richtig gelohnt. Alles, was man tasten, ultraschallen, abklopfen und abhorchen kann, war in Ordnung.

Pfffffffffff! Können Sie mal tief *auf*atmen? Ich war so erleichtert. Mein Onkologe hat was von einem Bewährungshelfer. Sein guter Rat beim Abschied: »Bleiben Sie unauffällig!«

8. Mai 2007

Buh!

Okay, okay, ihr habt ja recht.

Meine Umgebung fängt an, mir zu signalisieren, dass es einem auch ohne Krebs ganz schön mies ergehen kann: Ehefrauen werden betrogen und verlassen (der ewige Klassiker), größenwahnsinnige Architekten verpulvern das Geld ahnungsloser Bauherrinnen (oder sind das dann Baudamen?), Neugeborene sorgen bei Neueltern für tiefe Einsichten und Augenringe, anderer Leute Kinder müssen aus vermüllten Wohnungen geholt werden, wieder andere wollen nicht ihre Brutzeit »in utero« absitzen und überraschen ihre Erzeuger mit einem Frühstart. Und dazu kommt, dass Olli Kahn kaum noch was hält außer ständig wechselnde Mädels.

Ja, das Leben ist manchmal kompliziert und schwer.

Aber bevor wir alle weiterjammern: Kann sich jemand vorstellen, wie es ist, wenn alles plötzlich ganz einfach wird – weil man nämlich nicht mehr da ist? Nein? Das ist doch eher ein Gedankengang für Fortgeschrittene – darauf lässt man sich nicht ohne echten Grund ein.

Und wenn man weg ist, wo ist man dann? Als Kind wollte ich immer wissen, ob ich irgendwann einmal meine geliebte »Garten-Omi« auf einer Wolke wieder treffen würde. Und wie es im Himmel, bei Gott zu Hause, so zugeht.

Jetzt kann mir die ganze Jenseitsnummer gestohlen bleiben. In meinem Leben gab es schon früher mal Situationen, wo's hätte richtig schiefgehen können. Aber ich bin immer noch da! Und ich bleibe. Und lache und weine. Ist ein Moment besonders schön, jemand sehr liebevoll, etwas besonders anrührend, treibt's mir gleich die Tränen in die Augen. Oh du große Hormonverwirbelung!

Die letzten zehn Monate habe ich mich ziemlich gut zusammengerissen, finde ich, habe alle möglichen Therapiespäße über mich ergehen lassen und war kein Spielverderber. Mit den bösen Zellen habe ich aufgeräumt – zum Ausgleich dafür ein klappriges Immunsystem, Schweißausbrüche, gestresste Haut und immer wieder Angst bekommen. Die will ich aber nicht als Dauerbegleitung haben. Am besten, ich drehe mich ab und zu schnell um, mache »Buh!«, um sie so zu erschrecken, dass sie abhaut.

Genau so mache ich das am besten auch mit bestimmten Menschen in meiner Umgebung, die ich nicht mehr ertragen kann, weil ich jetzt merke, was für oberflächliche Ego-Klötze sie sind. Die können auch abhauen.

Vor ein paar Tagen war ich das erste Mal seit dem Glatzen-Showdown wieder beim Haareschneiden. Nach neun Monaten. Dabei hatte ich zwischenzeitlich gedacht, dass ich aus meiner Meerschweinchenfrisur gleich Dreadlocks weiterzüchte und niiee mehr jemand meine Haare abschneiden darf. Obwohl ich so nette Kosenamen wie »Löckchen« und »Zottie« bekommen habe, wurde es Zeit, auf dem Kopf ein bisschen aufzuräumen. Ich habe mich ganz still und heimlich an meine kurzen Haare gewöhnt und trauere den langen gar nicht hinterher.

Innen bin ich eine andere, warum nicht auch außen?

Aber nicht ganz anders, die Musik hat mich seit einiger Zeit wieder. Das Lied ›Wenn es passiert‹ geht mir nicht aus dem Kopf. Seine poetischen Worte treffen meine Gefühlslage erstaunlich genau. Obwohl die Band »Wir sind Helden« beim Texten sicher *nicht* an Krebspatienten gedacht hat …

Ein Herzschlag nur für mich
und die, die bei mir sind
Augen auf, schaut euch das an
Wer dafür keine Tränen hat, wird morgen blind
Wenn ihr das nicht liebt, was dann
Jeder liebe das so viel er kann
Ein Blitzschlag nur für mich
und die, die bei mir sind
Wer jetzt zweifelt, sieht nicht klar

Ganz egal wie viel davon die Zeit sich nimmt
Wer jetzt blinzelt, war nicht da
Vielleicht ist es wirklich nur ein Jahr

Aber ich will niemals fragen, wo ich war
Wo war ich, als das wahr war …

16. Mai 2007

Groovy Fliegenpilz

Langsam legen sich meine Gedanken so wie die Haare wieder in gefällige Wellen – statt wie wild vom Kopf abzustehen. Braucht halt alles seine Zeit.

Das Prinzip Zuversicht. Ich fühle mich mittlerweile nicht mehr so oft wie ein angedotzter Pfirsich, der leider schon mal runtergefallen ist und jetzt eine braune Stelle hat. Die man zwar nur von einer Seite sehen kann – aber die es doch gibt. Auch wenn mein Garantieschein abgelaufen ist und ich den Organspenderausweis wahrscheinlich wegschmeißen kann (ist sowieso besser, wenn möglichst viele Organe gesund und lange bei *mir* bleiben!) – ich bin wieder da.

Der Herbst des Lebens kann ja durchaus noch »groovy« sein: Letzte Woche habe ich in einem Lokal bei der Suche nach den Toiletten zufällig im Keller eine Ü-60-Tanzbar entdeckt. Jeden Tag treffen sich ab zwei Uhr nachmittags sogenannte Silver Surfer zum Schwof. Die schieben sich dort auch bei schönstem Wetter in denkmalschützenswerter Seventies-Disco-Atmosphäre, wie man sie aus frühen Derrick-Folgen kennt, übers Parkett. Es haben wirklich nur noch Horst Tappert und seine zwei Tränensäcke gefehlt.

Die »Mädels« kamen, wie seit der Jungsteinzeit anscheinend in jeder Altersstufe üblich, in einer Musikpause als kicherndes Rudel auf die Toilette. Dort hat mich eine von ihnen vom Händetrocknen abgehalten, weil sie mit der Düse des einzigen funktionierenden Warmluftpusters ihre verschwitzte Dauerwelle neu föhnen wollte. Ihr Gesicht leuchtete, während sie mich aufklärte: »Das kommt vom Cha-Cha-Cha mit diesem Freddie!«

Und da soll ich mich über Schwitz- und Hormonattacken beschweren? Der Paarungstanz geht doch weiter, auch nach dem Klimakterium. So schaut's aus.

Mein Immunsystem macht wohl auch gerade eine Sause. Jedenfalls ist es nicht auf dem Posten: Ich sehe nämlich mittlerweile aus wie das Pendant zum Fliegenpilz: blass, mit roten Punkten überall, außer im Gesicht. Der doofe Hautausschlag geht einfach nicht weg – und nervt mich langsam kolossal. Dabei war ich doch mit Leukos und Thrombos beim Powerwellnessen. Außerdem fehlen mir jetzt wieder einige, haben sie beim letzten Blutcheck festgestellt. Wahrscheinlich liegen die immer noch auf der Sonnenterrasse in der Schweiz und gucken verträumt aufs Bergpanorama. Jollerioooooh, bitte zurückkommen! Dann gehen wir auch zusammen tanzen. Versprochen!

29. Mai 2007

Die weiche Seite

Letzte Woche war ich für ein paar Tage in Berlin. Deshalb hatte ich mir einen Nachsorgetermin bei dem Arzt geben lassen, der mich vor fast einem Jahr operiert hat. Unser Treffen hat dann gar nicht stattgefunden, weil der Doc kurzfristig verhindert war. Also fahre ich im Juni noch mal hin. Wie war das mit der langen (Folter-)Bank?

»Das macht die Berliner Luft, Luft, Luft«: Mein Fliegenpilzdasein hat während der kleinen Reise sein Ende gefunden. Als ich schließlich aussah wie eine Aussätzige aus einem Hieronymus-Bosch-Gemälde und echt am Verzweifeln war, ist der ganze Zauber urplötzlich wieder verschwunden. War's wirklich die Luftveränderung, oder hat sich das Immunsystem nach acht (!) Wochen endlich sortiert?

Keine Ahnung. Was dem Erkenntnisstand der beiden Dermatologen entspricht, die mir auch nicht wirklich weitergeholfen haben.

Zu den vielen Untersuchungen, die man im Lauf der Zeit so über sich ergehen lässt, gehört auch ein UKG, ein Herz-Ultraschall. Das Herceptin, das ich immer noch bekomme, hat außer seiner fabelhaften Hauptwirkung noch die Hauptnebenwirkung, die Pumpe schädigen zu können.

Auf dem Monitor kann man sein eigenes Herz schlagen sehen und das auch noch in Farbe, rot- und blaublütig! Sieht sehr schön aus, und der Anblick wirkte auf mich irgendwie beruhigend:

1. Ist es der Beweis, dass man überhaupt eines hat
   (bei manchen Menschen zweifelt man ja),
2. dass es schlägt
3. und wie!

In den letzten Wochen konnte ich mich nicht gerade über mangelndes Herzklopfen beschweren: Seitdem meine Rest-Hormone beschlossen haben, in der Formel 1 mitzumachen, ganz ohne Fahrertraining, überrollen mich manche Situationen:

Auf dem Weg zum Biomarkt, wo ich jetzt immer die nachhaltig-organisch-dynamischen (Über-)Lebensmittel kaufe, gibt es einen romantischen Stadtbach. Als ich mit meinem Rad gerade über die kleine Brücke fahre, kommt eine Entenfamilie mit winzigen Küken vorbeigeschwommen. Und ich – heule. Aus dem Stand und ohne aus dem Sattel zu gehen – und auch ganz ohne Epo, liebe Teilnehmer der diesjährigen Tour de France.

Das ist sie wohl, die weiche Seite. Die hat mir die Psychoonkologin erklärt. Nach all dem Starksein, Zusammenreißen, Aushalten, Durchhalten verlangen die Gefühle wieder nach ihrem Recht. Das ist gesund. Auch ein Akkordeonspieler, der im benachbarten Hinterhof sehr passend mal wieder ›Que sera‹ in fliederiger Abendluft anstimmt, drückt sofort meinen *soft spot*. Schnüff!

Aber ist es nicht wesentlich besser, aus Sentimentalität öfter mal feuchte Augen zu bekommen, als durch Dauerangst zu versteinern? Kleine Kinder, große Schlager, warme Worte, ein bunter Schmetterling, der vorbeiflattert, Vögel, die fröhlich rumschreien (oder putzige

Nachkommen haben!), die Ankunft des Sommers – das alles zahlt ein aufs Gefühlskonto.

Kein Kredit für Depressionen.

5. Juni 2007

Das K-Wort

Nach all den Monaten habe ich große Sehnsucht danach, mal nichts mehr zu hören, sehen, spüren, lesen, was mit dem bösen K-Wort zu tun hat. Weil mich das alles irritiert. Nach dem *Big Bang* habe ich eine Sensibilität für die kleinsten Erschütterungen entwickelt.

Ich möchte nur, dass es ein bisschen so normal ist wie früher.

Das Ritual des Wiederaufstellens der Shampooflaschen zum Beispiel hat mir unheimlich Auftrieb gegeben – auch wenn ich noch lange nicht Rapunzel bin. Haare sind wichtig. Kylie, du siehst heute mit deiner nachgewachsenen Diva-Frisur genauso (langweilig) aus wie vorher. Irgendjemand muss dir das ja mal sagen! Meine Haare bleiben erst mal kurz. Denn alles wird und *muss nicht* so sein wie früher.

Das Leben ist immer Entwicklung, egal, welche Erfahrungen man macht – gute oder schlimme. Ich finde, das K-Wort bringt nicht die schlechtesten Eigenschaften zum Glänzen, ab und zu: Willenskraft, Geduld, Lebensfreude, Optimismus, Selbstvertrauen. Und an die kann man sich halten, wenn der eigenen Psyche mal wieder die Mundwinkel runterhängen. Oder?

Einfach nur in Ruhe weiterleben mit funktionierendem Immunsystem, im Kreise meiner möglichst vollzähligen Leukos und Thrombos, dann bin ich schon zufrieden. Letzten Freitag habe ich sie, wie versprochen, zum Tanzen ausgeführt bis halb zwei Uhr! Am nächsten Morgen haben mir zwar die Knochen wehgetan – hätten sie aber vielleicht auch ohne die Vorgeschichte. Dafür haben sich die Glückshormone was gegrinst.

Meinen Vorsatz, eine Nacht durchzumachen, habe ich zwar noch nicht in die Tat umgesetzt – alles nach Mitternacht ist spät für mich –, aber die längsten Tage kommen erst. Die Vöglein zwitschern jetzt schon um vier Uhr los ... meine Chance.

Im Buchladen habe ich einen K-Comic entdeckt, nur was für starke Gemüter, ehrlich gesagt. Aber bei manchen Storys habe ich laut gelacht, so wahr und absurd sind sie, deswegen empfehle ich ihn hier doch: ›Krebs ist eine Erfahrung, auf die ich lieber verzichtet hätte‹ von Miriam Engelberg, einer Amerikanerin. Der Titel spricht mir aus der Seele. Ich fände das Buch allerdings doppelt so amüsant, wenn die Autorin überlebt hätte – so wurde es ihr Vermächtnis.

Zu feiern gibt es auch was: das Ende meiner ersten Schachtel Tamoxifen. Schon 100 Pillchen geschafft – geht doch! Bleiben »nur« noch 1725 oder sogar weniger: Nach drei Jahren als Tamoxifen-Junkie werde ich wahrscheinlich auf ein anderes Medikament umsteigen, den Aromatasehemmer (oder *-hammer*?). Der sabotiert die Bildung von Östrogenen. Klingt so, als ob ich darauf auch lieber verzichten möchte.

13. Juni 2007

Happy Nicht-End

Filme und Bücher, die gut ausgehen, mag ich. Aber noch viel lieber mag ich die, bei denen das Ende offen ist und man selbst weiterspinnen kann, was noch passieren könnte. Wenn im Kino schon nach zwanzig Minuten klar ist, wer nach etlichen verschwurbelten Irrungen und Wirrungen wen bekommt, und warum auch nicht – laaangweilig.

Mein Drehbuch ist noch in der Mache. Obwohl die herzzerreißenden dramatischen Szenen mit der aus heiterem Himmel erkrankten Hauptdarstellerin schon im Kasten sind. Auch die schwierige Chemotherapiezeit ist längst abgedreht. Die könnte man dramaturgisch vielleicht etwas raffen – damit's für den Zuschauer nicht zu anstrengend wird –, die fünf Monate werden auf circa fünf Minuten zusammengeschnitten und vielleicht mit einer herzerweichenden Ballade von Rufus Wainwright unterlegt.

Aber: Wie wird es ausgehen?

Noch liegt ein (hoffentlich) langer Weg vor der »Heldin«, bis sie in Richtung untergehende Sonne reiten wird. In diesem speziellen Fall hätte ich mal nichts gegen ein durchschnittlich vorhersehbares Happy End einzuwenden.

Mir ist früher nie so aufgefallen, wie häufig Filme durch Krankheit, Unglück oder Tod emotional angeheizt werden. In meinen hochsensiblen Phasen habe ich mich deshalb ja kaum ins Kino getraut – es gab eine Zeit, da war ›Rennschwein Rudi Rüssel‹ schon das Äußerste an Aufregung.

Diese Woche hatte ich die erste Mammographie seit der Diagnose und endlich den Check bei meinem Operateur, der mich zuletzt vor fast genau einem Jahr gesehen hat. Nachsorge gibt einem Sicherheit.

Allerdings stehen nur radiologie-geile Masochistinnen darauf, die Brüste regelmäßig zwischen zwei Glasplatten gequetscht zu bekommen. Ich fand es ehrlich nie so prickelnd. Außerdem entwickelt man nach einer niederschmetternden Diagnose Horrorvisionen, die die Prozedur fast unerträglich machen. Da musste die »Heldin« schon all ihren Restmut zusammennehmen, um bei der »Röntgenszene« nicht in die wackeligen Knie zu gehen. Glücklicherweise ist man ja festgeklemmt und kann trotz Angstschweiß nicht rausrutschen – ha ha!

Die Quälerei hat sich gelohnt, brustgesund nennt sich das. Uff, Luft raus.

Auch mein OP-Professore war zufrieden mit mir. Er meinte sogar, ich hätte eine Lebenserwartung von 90 Jahren. Vielleicht ein bisschen sehr optimistisch, doch mein verblüfftes Gesicht hat sicher eine schöne Großeinstellung abgegeben.

Wenn ich als Kind nicht nach Hause oder ins Bett wollte, hat meine Mutter immer gesagt: »Man soll aufhören, wenn's am schönsten ist, Kind.« Und Mütter haben ja immer recht.

Und weil jetzt heute ist, habe ich beschlossen, meinen Blog hier zu beenden.

Ich stehe am Beginn meines neuen Lebens mit kleiner Hypothek. Die Panik ist vorbei. Die Staubwolken legen sich, und aus N-E-B-E-L wird wieder L-E-B-E-N. Der Tag, an dem ich das erste Mal nicht an das K-Wort gedacht habe, ist noch nicht gekommen. Aber bald.

Also, großer Regisseur da oben, nach diesem positiven und doch offenen (Fast-)Ende, bin ich bereit für einen neuen Dreh. Aber dieses Mal bitte mehr Komödie.

Beinahe auf den Tag genau ein Jahr nach meiner Diagnose beschließe ich das Ende meines Online-Tagebuchs. Die akuten Krankheitskapitel sind für mich beendet. Nachdem ich mir noch einige Wochen Zeit gegeben hatte bis zur kompletten Rückkehr in meinen hektischen Job und dadurch auch in den Alltag, führe ich seit September 2007 wieder ein (fast) normales Leben.

Sommer 2008

Manchmal bilde ich mir ein, nicht mal genug Zeit zum Fingernägelschneiden zu haben (außer schnell-schnell mit der Papierschere – und so sehen sie dann auch aus). Bloß nichts verpassen. Es gibt da dieses starke Monopoly-Gefühl: Zurück auf LOS! Und das gleich nach der 10-Minuten-Meditation am Morgen.

Da ist wieder *mehr Komödie*, so wie ich es mir ein Jahr nach der Diagnose gewünscht habe, mehr Leichtigkeit in meinem Leben.

Don't work by night
Don't play by day
You'll feel all right
But you will pay

No caffeine
No protein
No booze or
Nicotine
Remember –
Everything gives you cancer …

… sang Joe Jackson Anfang der 80er-Jahre. »Cancer« eignet sich skurrilerweise bestens zum Tanzen, hat südamerikanischen Rhythmus. Das Lied hat mir schon gefallen, als ich noch eine unbekümmerte Grafikstudentin Anfang zwanzig war, und dann fiel es mir vor Kurzem wieder ein. Irgendwie gibt es für mich immer einen Song, der zu den Ereignissen in meinem Leben passt.

Vieles ändert sich nach einer Krebsdiagnose, und ich brauchte viel Zeit, mir wieder was zuzutrauen, physisch wie psychisch. Länger als ein Jahr danach war ich mit mir übervorsichtig.

Die Überschrift *Everything gives you cancer* stand noch über meinem Alltag, so hatte ich zum Beispiel Angst (schlecht!), wieder zu viel (ganz schlecht!) zu arbeiten (gut!).

Ich habe mich tausendmal gefragt, welche Ursachen der Krebs bei mir haben könnte *(You feel all right, but you will pay!)*. Da diese Fragen durchaus lebenswichtig sein können, habe ich mir nach anfänglicher Verweigerung fürs Erste eine kleine Liste gemacht:

Schlecht:
- Stress, Dauerärger
- Zucker, Fett, Alkohol
- karzinogene Substanzen, Strahlung
- Angst, Traurigkeit

Gut:
- Ruhe, Schlaf, Zeit für mich
- Liebe, Sex
- Sport, Aufmerksamkeit für den Körper
- Pläne in die Tat umsetzen

Ziemlich übersichtlich, eigentlich.

Einiges mache ich anders als früher, vieles bleibt, wie es war, und für manches gibt es wieder ein erstes Mal.

Karriere reloaded?

Auf einmal grüßen einen in der Arbeit auch Menschen, die sonst bei einer Begegnung auf dem Flur nur an einem vorbeigestiert haben. Nach einigen Monaten hatte es sich wohl bis zu ihnen herumgesprochen, was mit mir los ist, dass ich kein Sabbatical genommen habe und auch nicht auf einer längeren Reise gewesen bin. Obwohl – als Trip konnte das Ganze schon durchgehen.

Die Nettesten und die Mutigen bleiben stehen, um sich zu erkundigen, wie es mir geht. Manche lächeln mir nur freundlich zu – auch recht, ich will sowieso nicht mit jedem Kollegen meine momentane Lebenslage erörtern.

Es gab herzliche Anteilnahme und echte Wiedersehensfreude, auch bei Menschen, wo ich es nicht erwartet hätte. So ein Comeback hat was.

Es war komisch, wieder an meinem Tisch zu sitzen, meine Position wieder einzunehmen. So wie vorher, aber doch anders. Ich finde Dateien, an denen ich in den letzten Tagen vor der Diagnose verbissen gearbeitet hatte, um mich möglichst unabkömmlich zu fühlen. Ich erinnere mich noch genau, wie ich mich an die irreale Hoffnung klammerte, dass ich in so einem wichtigen Stadium ja gar nicht ausfallen *könne*. Ich konnte. Und die Prioritäten waren plötzlich ganz andere.

Wann immer ich während der diversen Therapien dazu in der Lage war, habe ich mitgearbeitet. Ich versuchte ein paar Stunden pro Woche anwesend zu sein oder am Computer von zu Hause aus etwas beizutragen. Glücklicherweise habe ich einen Job, in dem das möglich ist. Mein sehr kooperativer Ausnahme-Arbeitgeber hat mich dabei unterstützt, indem mein Rechner mit unserem Verlagssystem vernetzt wurde.

Selbst bedröhnt von Medikamenten und Ängsten konnte und wollte ich mich einbringen. Denn tatsächlich kann ich nirgends so gut abschalten wie beim Arbeiten (meine Meditationsfähigkeiten lassen leider bis heute zu wünschen übrig). Die Arbeitsroutine lief wie ein süßer Teig über alle schockierenden Veränderungen, gab mir Halt. War wie naschen an der Normalität.

Der Verlag war eine Insel der Glücklichen, hier lief alles weiter wie immer.

»Sie machen alles so, wie Sie es für richtig halten«, für diese Großzügigkeit meines Chefs wollte ich mich revanchieren. Nach Chemo und Bestrahlung – eine Zeit, in der ich nur sporadisch arbeiten konnte –, begann die offizielle Wiedereingliederung, die ich zweimal verlängern konnte und die insgesamt über vier Monate ging. Auch wenn mir die BKK einzureden versuchte, man schaffe so was in einem Monat. Den ganzen Kuchen wollte ich aber noch nicht, ich wollte Zeit. Das habe ich inzwischen gelernt, den *gesunden* Egoismus zu kultivieren.

Kein Onkologe und kein Gynäkologe sagen einem, welche Ursachen die Entstehung von Brustkrebs bei einem hat. Es gibt genetische Gründe, die bei mir aber nicht zutrafen, also startete ich, um ein Wiederauftreten der Krankheit zu verhindern, eine nervige Suche, ein Schubladenauf- und -zuziehen im Kopf: Stress? Nikotin? Computerbildschirm? Handystrahlung? Stress? Kuhmilch? Kinderlosigkeit? Pille? Stress? Zu wenig Liebe? Alkohol? Verborgenes Asbest im Büro? *Stress?*

Am besten: Das alles ab jetzt vermeiden! Wird nur in Bezug auf die Kinderlosigkeit ein bisschen schwierig.

Rein intuitiv habe ich meine Einstellung zur Arbeit im Verdacht, den mir nie jemand bestätigen wird. Viele Jahre lang war mein Job mein Lebensinhalt, die Basis meines Selbstbewusstseins. Ich war der lächerlich-klassische Fall einer »Karrierefrau«, obwohl ich mich nie so bezeichnet hätte. Ich war talentiert, ehrgeizig, flexibel, jahrelanger Single. Beste Voraussetzungen für hohen Arbeitseinsatz.

Und wofür?

An den schwarzen Tagen während der Chemo sah ich vor meinem geistigen Auge eine dieser hässlichen Grabplatten aus poliertem Granit, auf der in Gold eingraviert stand: »Sie war über viele Jahre eine überaus engagierte und beliebte Mitarbeiterin. Wir werden sie nie vergessen.« Gruselig.

Ich liebe meinen Job. Immer noch. Nur meine Einstellung hat sich geändert. Ich halte mich immer noch für talentiert, bin aber etwas weniger ehrgeizig – meine Arbeit ist nicht mehr meine Daseinsberechtigung. Das Delegieren, das ich nie beherrscht hatte, lernte ich im ultimativen Crashkurs, nachdem ich von einem Tag auf den anderen weg war. Den Hauptanteil meiner Arbeit übernahmen viele Monate meine Kollegen und eine Freundin, die freiberuflich arbeitet. Es war eine wichtige Erfahrung für mich, dass ich, wie jeder andere, *tatsächlich* ersetzlich bin.

Nach einem Jahr war meine alte Leistungsfähigkeit spürbar wieder im Anmarsch, wegen meiner theoretischen Dauer-Überlegungen zum Thema Krebsursachen war ich jedoch lange noch fast hysterisch vorsichtig:

Müdigkeitsattacke = Leukoalarm = sofort nach Hause

Diskussionen = Energiefresser = keinen Bock darauf

Spätschicht = Nachtarbeit = ohne mich (*don't work by night*).

Nach vier Monaten mit Neun- bis Zehn-Stunden-Tagen kam es mir aber trotzdem so vor, als wäre ich fast wieder dort angelangt, wo ich eineinhalb Jahre zuvor aus der Kurve geflogen bin. Ich beschloss, der inneren Karrierefrau ein Schnippchen zu schlagen und sie auf eine 80%-Diät zu setzen.

»Kannst du dir das denn überhaupt leisten?«, zickte sie.

»Ja, kann ich.« Der größte Luxus ist für mich nicht Geld, sondern Zeit.

Leider hat es eine Art Atombombe gebraucht, damit ich das endlich kapiert habe.

Jetzt arbeite ich an zwei halben Tagen pro Woche *nicht*, mache in der Zeit lieber in Ruhe Sport, treffe Freiberuflerfreunde zum Kaffee, lese mal wieder mehr als die Headlines und die

Bildunterschriften von Zeitschriften (oder gar ein Buch!), gehe in Ausstellungen und genieße meine ausgelebte Nichtproduktivität.

Geht doch

»Nicht wieder in den Alltagstrott zurückrutschen«, war der vielleicht wichtigste Vorsatz, den ich auf meiner Liste vom März 2007 hatte.

Nach der Rückkehr der Kräfte und Säfte habe ich auch alle anderen Pläne nach und nach durchgeführt und abgehakt:

- Ich stand auf zwei Berggipfeln.
- Ich bin zum ersten Mal in meinem Leben Fünferlooping gefahren.
- Ich war inzwischen in vier Städten und an einigen anderen Orten, die ich vorher nicht kannte.

Langsam habe ich meine Reisekreise wieder weiter gezogen, von 200 Kilometern Entfernung auf 16 000 Kilometer. (Ganz im Sinne des Bestsellers ›1000 Places to see before you die‹, den ich aber nie gelesen habe, allein weil mir der Titel zu sehr an die Nieren geht.)

Nur den Tandemflug mit dem Gleitschirm habe ich immer noch nicht geschafft, was aber an meinem Piloten liegt, der andauernd irgendwo (am Boden) unterwegs ist. Ich werde fliegen, auch auf die Gefahr hin, dass ich mir dabei vor Angst in die Hose mache. Das Risiko gehe ich dann auch noch ein.

Pläne sind so gut. Es freut mich etwas vorzuhaben.

Genauso, wie es tausend Orte gibt, an denen man noch nicht war, gibt es immer tausend Dinge, die man noch nicht versucht hat. Die meisten Sachen probiert man aus, bevor man vierzig, maximal fünfzig ist, bis auf meinen Freund Jonathan, der mit siebenundfünfzigeinhalb Jahren eine innere Notwendigkeit verspürte, auf den höchsten Berg Russlands zu steigen, und sich jetzt eine Kirche kaufen will. Immer auf der Suche nach sich und/oder einem Eimer Adrenalin.

Man muss nicht jeden Quatsch mitmachen, manchen kann man sich immerhin selbst aussuchen. Anderen leider nicht. Ich konnte mir vorher nicht vorstellen, wie sich eine Chemotherapie anfühlt, und währenddessen konnte ich mir die Zeit danach nicht vorstellen. Forever schlapp? Aber genauso wie die Haare wieder sprießen, kommt auch die Energie zurück. Und ein starker Wille, nichts zu versäumen.

Ich weiß jetzt, ich halte eine Menge aus, und das macht mich in gewisser Weise stärker als vorher. Mein Immunsystem hat sich erholt, und meine Seele flüstert ihm positive Botschaften, da bin ich mir sicher. Für Botschaften sorgt auch die Psychoonkologin.

Die Erfahrung Krebs möchte ich auf keinen Fall noch mal durchmachen, einmal reicht mir völlig. Was ich dazu beitragen kann, tue ich, auch wenn die regelmäßigen Nachsorgetermine jedes Mal ein Déjà-vu bedeuten.

Nicht ohne meine Ärzte

Wenn der Radiologe bei der Besprechung nach der Mammographie zu ernst guckt, bevor er zu sprechen beginnt, oder der Onkologe mir beim Ultraschall nicht im Sekundentakt versichert, dass alles gut aussieht, fängt mein Puls an zu beschleunigen. Nur das Gefühl des »Nicht-Wissens«, was in meinem Körper vor sich geht, wäre noch schlimmer.

Jede Untersuchung, die unauffällig verläuft, ist einen Schritt weiter weg von der Diagnose. Also besuche ich meine Ärzte, die genau hinschauen und hinhören, gar nicht ungerne. Wenn es um die Wurst geht, kommt man sich automatisch nahe. Mir würden mittlerweile die regelmäßigen Besuche richtig abgehen.

So sehr, dass mir vor der lang ersehnten Reise ins Outback von Australien die Tatsache, dass dort Tausende von Quadratkilometern vollkommen arztfrei sind, ein wenig Bauchschmerzen bereitete. Wer wollte schon wegen ungeklärtem Grummeln im Abdomen die »Royal flying doctors« alarmieren? Ich beschloss, dass es mir während dieser Zeit einfach nur gut gehen und ich die (Sand-)Flöhe nicht husten hören würde. Und so war es dann auch.

Bei den beiden einzigen »Unfällen« kamen wir ohne ärztliche Betreuung aus: Meine Reisebegleiterin Tina versengte sich an unserem Campingkocher einen Teil ihrer langen Haare, und ich verwechselte beim Kochen in der Dämmerung das Glas milde Würzsauce mit der rasiermesserscharfen indischen Currypaste.

Normalerweise gehen die alten Leutchen andauernd zum Doktor. Nach zwölf Mal Chemotherapie und 22 Herceptininfusionen, unzähligen Terminen bei Kardiologen, beim Augenarzt (weil Tamoxifen nicht nur die Laune, sondern auch die Linse trüben kann), Gynäkologen (wegen allem), mit einem vierteljährlichen TÜV beim Onkologen, einer halbjährlichen Mammographie beim Radiologen, plus Knochendichtemessung, liege ich aber gut im Rennen. Hey, graue Panther, haltet mir immer einen Platz frei im Wartezimmer …

Seit dem Abschied von meinem zu sorglosen Gynäkologen habe ich jetzt sogar *zwei* Frauenärztinnen. Eine, die Krebsspezialistin ist, und eine zweite, die sich zusätzlich mit traditioneller chinesischer Medizin auskennt. Sie ist meine Verbündete im Kampf gegen allerlei klimakterische Beschwerden, die mich sicher noch länger auf Trab halten.

Hello, goodbye

Irgendwie haben mich die Wechseljahre doch überrascht, obwohl mir mein Doktor in Berlin schon gesagt hatte, dass die Eierstöcke die Chemo ziemlich sicher nicht unbeschadet überstehen würden. Aber wer denkt denn da gleich an das andere K-Wort, das Klimakterium?

Ich nicht. Es gab damals genügend andere Dinge, an die ich denken musste.

Deshalb konnte ich mich auch nicht gebührend von meiner letzten Periode verabschieden und auch nicht vom prä-, akut- und postmenstruellen Syndrom (denen ich übrigens keine Träne nachgeweint habe!).

Nach der ersten Chemo, als ich noch jeden Morgen meine Haare gezählt habe, war auf einmal Schluss, Ruhe, Ende. Ich war nie ein richtiger Fan der monatlichen Lästigkeiten, aber ganz vorbei, einfach so? Meine sowieso schwer demolierte Weiblichkeit trauerte der abrupt beendeten Ära der Fruchtbarkeit nach. Irgendwie fühlte ich mich gar nicht mehr fraulich. Kein Wunder.

Mist – über die Wechseljahre hatte ich nie wirklich nachgedacht und sie vage in ferner Zukunft, irgendwann jenseits der fünfzig, eingeordnet. Und ich war zu der Zeit ja *erst* 45.

Nach ein paar Monaten vermachte ich meine letzte o.b.-Schachtel, die mich schadenfroh aus dem Badschrank angrinste, feierlich meiner Freundin Jule und ihrer Teenagertochter.

Danach habe ich mich ein halbes Jahr mit Schweißausbrüchen (Hitzewallungen sind eine poetisch formulierte Untertreibung für diesen Vorgang), Schlaflosigkeit, Knochenschmerzen und Lustlosigkeit (da kein Mann in der Nähe war, ein eher zweitrangiges Problem) herumgeschlagen.

Erst nach der Bestrahlung machte ich mir darüber richtig Gedanken, und mir fiel die Akupunktur während meines

Aufenthalts in Essen ein – Nadeln gegen Nebenwirkungen. Da die TCM einen total anderen Ansatzpunkt verfolgt als die westliche Medizin, haben Chinesinnen womöglich seltener verschwitzte Pyjamas. Japanerinnen erkranken in Japan seltener an Brustkrebs, weil sie von Kindheit an viel Soja und Fisch essen. Dazu gibt es interessante Untersuchungen. Bei Japanerinnen, die fern ihrer Traditionen in den USA aufwachsen, liegt die Krebsrate allerdings wieder ähnlich hoch wie bei ihren westlichen Schwestern.

Akupunktur und chinesische Kräuter haben mir in den letzten eineinhalb Jahren tatsächlich geholfen, die Auswirkungen des hormonellen Chaos etwas zu sortieren, das *Qi*, die Lebensenergie, wieder fließen zu lassen.

Das Ganze wird wohl eine Langzeitbehandlung. Meine Gynäkologin meinte, dass es Frauen gibt, deren Wechseljahresbeschwerden nach drei Behandlungen mit Akupunktur fast verschwunden sind. Aber die schlucken auch nicht täglich ein Pillchen Tamoxifen!

Am liebsten hätte ich es ja gar nicht genommen. Misstrauisch habe ich mich die ersten Wochen nach Beginn der Einnahme beäugt, welche der aufgelisteten Nebenwirkungen bei mir eintreten würden. Ich rechnete mit schlimmen Ausfallerscheinungen, nach allem, was ich gehört hatte.

Nachdem mir aber kein Vollbart gewachsen ist und ich auch nicht instant in Depressionen verfallen bin und sich die Mitglieder meiner Unterleibsfraktion wohlfühlten, freundete ich mich, ein bisschen wenigstens, mit der neuen Pille an. Es gibt viele gute Gründe, sie zu nehmen.

Nach der Diagnose einer lebensbedrohlichen Krankheit sind die Bedürfnisse sehr reduziert, man besteht eigentlich nur noch aus archaisch-animalischen Reaktionen wie Flucht oder Kampf (Flucht geht nicht, also Kampf!). Dazu kommen Hunger und Müdigkeit. Der sinnenfreudige Anteil der Persönlichkeit geht ziemlich verschütt. Adrenalin & Co knipsen in extremen

Stresssituationen in der Sexabteilung ganz schnell die Lichter aus. Aber wer schaltet sie wieder an?

Ich hatte so vieles mithilfe meiner Freunde und Familie bewältigt, *ohne* einen Partner an meiner Seite – okay, das ging auch –, aber irgendwann wurde der Gedanke, jemanden zum Liebhaben in meiner Nähe zu haben, zunehmend reizvoll. Nur: Wie sollte das gehen? Ich hatte schwer den Verdacht, dass das Anti-Östrogen dem »post-chemotischen« Libidoverlust noch eines draufsetzte.

Und so fühlte sich das für mich an: Ich konnte mir nicht mal mehr *vorstellen*, wie es sein würde, wieder mit einem Mann zu flirten, geschweige denn noch etwas anderes mit ihm zu tun. Keine schönen Aussichten für einen Singlemenschen. Die Frage, die langsam immer lauter in meinem Hinterkopf wurde: War's das? Darf ich nicht mehr mitspielen?

Fünf Sinne und zehn Begierden

Kann ich noch mal würfeln? Dann hätte ich eventuell die Chance, von Sendepause auf Sinnlichkeit vorzurücken.

Ich hatte eigentlich keine Ambitionen, mein Liebesleben einzustellen. Vorher nicht und auch nicht nachher. Aber durch die Hormonrevolution fand ich mich, rein sexuell gesehen, auf einer Ebene mit den Pantoffeltierchen wieder. Das sind keine Stubenhocker, die Adiletten tragen und am liebsten vor dem Fernseher sitzen, sondern Einzeller, deren Fortpflanzung durch simple Teilung erfolgt. Very sexy!

Ich war mit meinem gesundeten Körper zwar schon weit gereist, auf Berge gestiegen, und wir hatten Nächte durchgetanzt, aber eine intime Begegnung mit einem Mann? Dazu fielen mir aus dem Stand zweihundert Zweifel ein.

Schon einige Zeit vor meiner Erkrankung hatte ich die ganz »normalen« Probleme einer Großstadt-Singlefrau über vierzig auf der Suche nach einem passenden Partner: Es gibt da ein seltsames Ungleichgewicht von vielen tollen Frauen und wenigen interessanten Männern.

Allein fühlte ich mich gar nicht unwohl. Aber die ewige Hoffnung auf Liebe konnte ich trotzdem nicht aufgeben. Ich suchte zwar nicht angestrengt, aber wenn es sich ergab, küsste ich gerne mal den einen oder anderen Prinzen – aus dem dann doch immer, manchmal schnell, manchmal langsamer, ein Frosch wurde.

Der Letzte von ihnen war recht übereilt weggehüpft, nachdem er eine Parallelaffäre mit irgendeiner Unke über dem großen Teich begonnen hatte.

Das war's erst mal.

Und dann bin ich krank geworden.

Fast genau zwei Jahre nach der Diagnose gab es eine Veränderung in meinem Gefühlsgarten: Plötzlich wollte ich wieder *wollen*, und ich traute mir zu, zu *können*. Es hatte jemand an den Schaltern gespielt: Mein rotes Lämpchen brannte wieder, ich war zumindest im Stand-by-Modus. Ein sommerlicher Ausbruch von Lebenslust. Ich war richtig euphorisiert, dass ich meine fünf Sinne wieder vollständig beieinander hatte und jetzt anscheinend auch noch diesen mysteriösen sechsten, mit dem man Botenstoffe, die Emotionen auslösen, durch die Nase aufnehmen kann. Es lag was in der Luft …

Das hier ist kein Single-Ratgeber, nur so viel: Wer *nicht* sucht, der findet, und zwar dort, wo man am allerwenigsten damit rechnet. Man muss es nur schaffen, ab und zu aus der Bude und aus sich selbst rauszugehen. Nach all den Defiziten hatte ich außerdem das Gefühl, dass es nicht mehr viel zu verlieren gab, nur zu gewinnen und vor allem – *nachzuholen!*

An einem heißen Sonntagnachmittag war ich auf dem Kindergeburtstag des Sohns meiner rumänischen Freundin Catalina eingeladen. So wie ich mich momentan fühlte, waren meine Scheinwerfer voll aufgeblendet, sodass ich den einzigen anwesenden Mann zwischen den Müttern nicht übersehen konnte – und er mich auch nicht.

So lernte ich unter einem Basketballkorb Alex kennen. Und bald darauf mich selbst wieder, als Frau mit Lust und Liebe.

Wie wird das *erste Mal n. Kr.* (nach Krebs)? Was habe ich von meinem Hormonteam, sponsored by Tamoxifen, zu erwarten – Bummelstreik oder atomare Kettenreaktion? Kann ich meinem Körper auch im Bett wieder vertrauen? Wie wird man(n) reagieren, wenn er meine Narben sieht? (Inzwischen hatte ich eine relativ frische, weil ich den Portkatheter wieder abgeben durfte.)

Diese Ängste und theoretischen Überlegungen küsste er nach einigen Dates einfach weg.

Und ich küsste zurück, was das Zeug hielt, denn ganz das erste Mal war es ja doch nicht.

Das Kuschelhormon Oxytocin schickte seine anstrengenden Kollegen kurzerhand in die Sommerpause: Meine Bedenken und ich schmolzen langsam in der Julisonne dahin.

Und dann war *es* einfach. Fantastisch, romantisch, gut. Am liebsten wäre ich tagelang mit Alex im Bett geblieben.

Ich glaube, dass ich erst durch den Krebsschock gelernt habe, ganz intensiv wahrzunehmen, 100 Prozent zu genießen (vielleicht sogar 120 Prozent – plus Krebsbonus): die körperliche Nähe beim Sex genauso wie einen perfekten Tag, kleine Erfolgserlebnisse oder Momente großer Herzlichkeit.

Dafür bin ich meinem Schicksal mittlerweile sogar doch dankbar. Wer weiß, wie ich ohne die Krankheitserfahrung wäre: oberflächlicher, unzufriedener, zu anspruchsvoll?

Könnte sein.

Das andauernde Hadern mit der Unvollkommenheit ist etwas für Leute, denen sonst nichts fehlt: »Mein Friseur ist nach Acapulco ausgewandert, das Meerschweinchen hat Parodontose und der Kaffee ist auch alle.«

Zunächst sagte Alex erstaunlicherweise nichts wegen der Narben. Ich war ihm unendlich dankbar, weil ich Angst hatte, der Krebs könnte etwas zwischen uns verändern. Er durfte sich einfach nicht mehr einmischen. Also sagte ich erst mal auch nichts.

Nach ein paar Wochen, als wir uns besser kannten, fragte Alex mich dann doch. Das war genau das Wochenende, an dem ich sowieso vorhatte, ihm meine Geschichte zu erzählen. Ich hatte ja nichts zu verbergen. Er hat mich unvoreingenommen kennengelernt, als ganz »normale« Frau, das war wichtig.

»Ich hatte Brustkrebs.« Nur drei Worte.

Natürlich war er erschrocken, ungläubig und verwirrt und stellte die unvermeidliche Frage, mit deren positiver Beantwortung man Nichtbetroffene beruhigen kann:

»Aber jetzt ist alles wieder gut?«

Ich erklärte ihm einige der medizinischen Fakten, aber nicht zu viele. Dann fuhren wir zum Schwimmen an den See. Die Vergangenheit sollte es sich gar nicht erst gemütlich machen können.

Alex verhielt sich nach diesem Gespräch genauso wie vorher. Und er blieb auch nicht weg, was insgeheim meine größte Angst gewesen ist – keinerlei Froschverhalten (eher die Prinzenrolle). Ein paar Tage nach dem Gespräch hakte ich noch mal nach, wie er damit zurechtkommt, dass ich Krebs hatte. Er überlegte kurz und meinte dann:

»Na ja, es ist wenigstens nicht ansteckend.«

Und meine Ängste anscheinend auch nicht. Mit seiner Antwort hatte ich nicht gerechnet. Wir mussten beide lachen. Er hatte recht, so herum gesehen, hatten wir Glück.

Für seine trockene, ehrliche Analyse hätte ich ihn niederknutschen können. Und wahrscheinlich habe ich das auch.

Das Comeback der Unvernunft

Die Glückshormone, die beim Sex ausgeschüttet werden, und die Tatsache, dass ein richtiger Mann zwischen den Laken endgültig den Sensenmann aus meiner Nähe verdrängt hatte, bescherten mir eine zweite Euphoriephase: Ich wollte sofort mit einer neuen Liste starten:

99 Dinge, die ich in meinem Leben noch tun will.

Punkt 1, der noch ausstehende Tandemgleitschirmflug, klar. Dann wären da noch:

Segeln auf dem Atlantik, einen Wombat streicheln, wieder mal barfuß Croissants holen (und sie auf dem Heimweg alle aufessen) in einem ganz bestimmten Dorf in Südfrankreich, mir eine alleinstehende Ersatz-Oma in einem Altersheim suchen, ein Kinderbuch illustrieren, einmal das Fest am farbenprächtigen »Tag der Toten« in Mexiko erleben, wo der Tod alljährlich völlig angstfrei gefeiert wird, Elefanten in freier Wildbahn sehen, in einem Club als DJ auflegen, eine Milonga in Buenos Aires tanzen, obwohl mir der Tangotänzer nur bis zur Brust geht, und, und, und …

Meiner *Busen-Freundin* Stella, die ich in Berlin kennengelernt habe, geht es übrigens gut, sie war inzwischen mit ihrem Freund Georg unterwegs in Afrika und ganz alleine für glückliche drei Monate (!) auf Martinique.

Die Zeit der Überängstlichkeit ist definitiv beendet. Ich fühle mich nicht mehr zerbrochen, nicht mal zerbrechlich. Es wird besser.

Den Tanz-Rhythmus von »Everything gives you cancer« mag ich immer noch, aber die Aussage, dass alles Krebs verursachend ist, verunsichert mich nicht mehr. Ich sollte mal bei Gelegenheit drauf tanzen – vielleicht in Mexiko? Sex, Drugs & Rock'n'Roll?

Fast. Wenn man als Drogen Alkohol und Zucker durchgehen

lässt, die verdächtigt werden krebsauslösend zu sein. Meine schlimmsten Trinkexzesse liegen heute im 0,3-Liter-Bereich, und eine Tafel Schoki oder ein fettes Stück Kuchen bringen mich auch nicht um, habe ich beschlossen. Wäre doch blöd, auf Genuss verzichtet zu haben, um dann gesund an Altersschwäche zu sterben.

Es ist Zeit für mich zu leben und mal wieder Sachen zu machen, die *un-* sind:

*Un*gewöhnlich, *un*sinnig, *un*vernünftig, *un*vorstellbar.

Das *Un*vorhersehbare, das passiert von ganz alleine.

Die Vögel und Insekten veranstalten ein Riesenspektakel in der Dämmerung, die hier so schnell wie ein Vorhang fällt.

Nicht weit entfernt, hinter dem Campingplatz von Mataranka, ist eine heiße Quelle, hat mir die Frau aus dem Nachbar-Campmobil erzählt. Nach 500 langen Kilometern auf dem Highway Richtung Darwin bin ich total verschwitzt und zerdrückt. Tina hängt mit einer kalten Bierdose in der Hand leblos im Liegestuhl. Ich muss einfach noch schwimmen, also marschiere ich alleine los in die angegebene Richtung.

Leute mit nassen Haaren und Handtüchern kommen mir entgegen und zeigen mir den Einstieg zum Trampelpfad, der durch das Unterholz führt. Nach einigen Minuten öffnet sich der Dschungel zu einer Lichtung. Ich bleibe stehen und staune: So muss das Paradies ausgesehen haben, bevor ein einziger Apfel dem ganzen Spaß ein Ende bereitete:

In der Mitte ein türkisfarbener Naturpool mit hellem Felsenuntergrund, der in einen kleinen Fluss mündet. Zwei Fische stehen dort gemächlich mit ihren Seitenflossen rudernd auf der Stelle. Das Wasserloch ist umgeben von hohen Palmen und üppig blühenden tropischen Büschen und Bäumen, in denen weiße Kakadus lärmen. Riesige, metallfarbene Libellen surren geschäftig hin und her. Eine bestimmte Spezies der in diesem Garten Eden ansässigen Fauna kann ich glücklicherweise nicht sehen – die Quelle ist 100 Prozent krokodilfrei. Hoffentlich.

Ich bin alleine. Am Ufer sind Stufen, über die ich ins Wasser steige, es ist weich und badewannenwarm. Ich tauche kurz unter, lasse mich dann auf dem Rücken in die Mitte der Wasserfläche treiben und schaue in den Abendhimmel, der sich goldrosa zwischen den Palmen spannt. Unglaubliche Geborgenheit. Vielleicht erinnert es mein Unterbewusstsein an die schöne Zeit in der Gebärmutter.

Das <u>ist</u> das Paradies. Und ich darf hier sein, nach all dem, was ich seit der Krebsdiagnose durchlebt habe.

War das etwa eine neue Geschäftsidee von dir, Gott? Man bekommt aus irgendwelchen Gründen Krebs, aber wenn man alle Therapien mitmacht, die Zuversicht nie verliert, ab sofort mehr auf seinen Körper, seine Seele, seine Umgebung achtet, dann zeigst du einem einen Zipfel deiner Herrlichkeit.

Es ist gut. Es ist schön. Mir geht es gut. Mein Leben ist schön. Ein banaler Satz nach dem andern drängelt sich in mein Hirn, aber wie lange habe ich nicht mehr so tief glücklich empfunden? Wie weit war ich schon? Bis an meine Grenzen bin ich gegangen und zurück.

Wie viele Tage hatte ich eigentlich schon nicht mehr an Krebs gedacht?

Ein paar Freudentränen rollen aus meinen Augenwinkeln in den Teich, der Himmel über mir verschwimmt im letzten Tageslicht zu einem lavendelfarbenen Aquarell.

»It's a good time to be yourself today«, stand auf einem Aufkleber am Heck eines verbeulten Kombis, den ich vor ein paar Tagen mitten im Nichts an einer Tankstelle gesehen hatte.

Für M.

Allen gewidmet, die mich ein Stück des Weges getragen haben, meiner Familie, meinen Freunden, den Ärzten, Ärztinnen und medizinischen BetreuerInnen, meinen Kollegen und Chefs und allen, die mich bei der Realisierung dieses Buches unterstützt haben.

Danke.

Nützliche Adressen

Brustkrebs Deutschland e. V.
Charles-de-Gaulle-Straße 6
81737 München
Tel.: 089–41 61 98 00
Kostenlose Telefon-Hotline: 0800–0 11 71 12
www.brustkrebsdeutschland.de

www.krebsinformationsdienst.de
Für individuelle Fragen steht der E-Mail-Service zur Verfügung unter krebsinformationsdienst@dkfz.de. Am Telefon beantwortet der Krebsinformationsdienst Fragen unter der Nummer 0800–203040, täglich von 8.00 bis 20.00 Uhr.
Informationen über zertifizierte Brustzentren in Deutschland unter www.krebsgesellschaft.de

Das Brustkrebsmagazin Mamma MIA!
www.mammamia-online.de

KOMEN Deutschland e. V.
Verein für die Heilung von Brustkrebs
Louisenstraße 28
61348 Bad Homburg v. d. Höhe
Telefon: 0 61 72–68 10 60
www.komen.de

mamazone
Frauen und Forschung gegen Brustkrebs e. V.
Postfach 310 220
86063 Augsburg
Telefon: 08 21–52 13–144
www.mamazone.de

Rexrodt von Fircks Stiftung
www.rexrodtvonfircks.de
Rehaklinik Ostseedeich
für krebskranke Mütter und ihre Kinder
Tel. 0800–2255100
www.gemeinsam-gesund-werden.de

Gesellschaft für biologische Krebsabwehr e. V.
Hauptstr. 44
69117 Heidelberg
Tel. 0 62 21–13 80 20
www.biokrebs.de

SMS
Societas Medicinae Sinesis
Internationale Gesellschaft für chinesische Medizin e. V.
Franz-Joseph-Str. 38
80801 München
www.tcm.edu

Knappschafts-Krankenhaus
Innere Medizin V
Naturheilkunde und integrative Medizin
Am Deimelsberg 34a
45276 Essen
Tel. 02 01–17 42 50 08
www.kliniken-essen-mitte.de

www.jollytops.de
Internetversand für modische Kopfbedeckungen in haarlosen Zeiten

Abdruck der Liedtexte: